COLECCION
UNIVERSO

Expréselo
todo
en
Inglés

PROF. JAIME GARZA BORES

EDITORIAL DIANA
MEXICO

1a. Edición, Octubre de 1990
5a. Impresión, Mayo de 1996

ISBN 968-13-2498-6

Diseño de portada: Claudia Gaytán

FIRST PART
PRIMERA PARTE

CONTENT
CONTENIDO

PÁG.
—

CONSTRUCCIÓN DE ORACIONES EN TIEMPO PRESENTE CON EL VERBO *TO BE:* SER, ESTAR

BUILDING OF SENTENCES IN PRESENT TENSE WITH THE VERB *SER* (to be)

Obsérvese en esta conjugación que el verbo *to be* (ser) expresa únicamente *lo que es* el sujeto y no *cómo* o *dónde* está dicho sujeto. Es decir, implica la condición de *ser* y *no* de *estar*. En inglés, sin embargo, estas dos acepciones *(ser* o *estar)* se describen con el verbo *to be,* ya que equivale a ambas.

Observe in this conjugation that the verb *ser* (to be) only expresses *what* the subject *is* and *not how* or *where* the subject *is*. In other words, it is closely related to the subject, but without expressing *location, condition* or *state of mind*.

I *AM* American		Yo	*SOY*	americano		
You *ARE* Mexican		Usted	*ES*	mexicano		
He *IS*	a doctor	El	*ES*	doctor		
She *IS*	a nurse	Ella	*ES*	enfermera		
It *IS*	a cat	(Imp.)	*ES*	un gato		
We *ARE* brothers		Nosotros	*SOMOS*	hermanos		
You *ARE* friends		Ustedes	*SON*	amigos		
They *ARE* neighbors		Ellos*	*SON*	vecinos		
		* (fem.) Ellas *son* vecinas.				

Ejercicios de sustitución	*Substitution drills*
Construya otras oraciones sustituyendo el complemento correspondiente a cada sujeto *(I, you, he,* etc.) por:	Practice this conjugation by substituting the complementary words corresponding to each subject *(yo, usted, él,* etc.) for:

1	*a business man*	1	un hombre de negocios
2	*my secretary*	2	mi secretaria (fem.)
3	*a tourist*	3	un turista
4	*my wife*	4	mi esposa
5	*very expensive*	5	muy caro
6	*American technicians*	6	técnicos americanos
7	*good students*	7	buenos estudiantes
8	*experts in refrigeration*	8	expertos en refrigeración.

Observe ahora que *AM*, *ARE* y *IS* invierten su posición con respecto a la de los sujetos *I, you, he*. Es decir, que en las preguntas, éstos *(am, are, is)* se anteponen a los sujetos.

Advierta también las respuestas breves en la gráfica de la derecha, así como la palabra NOT después de *ARE*, *AM*, *IS* en las negaciones.

AM	I	a *lawyer?*	Yes, you *ARE*	No, you *ARE* NOT
ARE	you	a *nurse?*	Yes, I *AM*	No, I *AM* NOT
IS	he	a *doctor?*	Yes, he *IS*	No, he *IS* NOT

Observe the words *SOY, ES*, before the subjects *yo, usted, él* in questions, and a flat *Sí* and *No* in the short answers.

¿SOY	yo	*abogado?*		
¿ES	usted	*enfermera?*	**SI**	**NO**
¿ES	él	*doctor?*		

Observe el empleo de las formas contraídas I'*M* NOT (I *am* not), He'*s* NOT (he *is* not), etc., en las negaciones siguientes.

Observe the word NO before *SOY, ES, SON,* etc. in the negative form.

I'*M*	NOT	a *lawyer*	Yo	*NO*	*soy* abogado
HE'*S*	NOT	a *doctor*	Él	*NO*	*es* doctor
THEY'RE	NOT	*cousins*	Ellos	*NO*	*son* primos

8

Observe el uso de las palabras interrogativas *who* (quién) y *what* (qué). Note asimismo cómo se responde a dichas palabras.

Who ARE you?	I'M Victor Salas
What ARE you?	I'M a *doctor*
Who IS she?	SHE'S Mary Lopez
What IS she?	SHE'S a *nurse*

Observe the use of the interrogative words *quién* (who) and *qué* (what). Notice also that the answers are related to the subjects as well as to the interrogative words.

¿Quién ES usted?	Yo *SOY* Víctor Salas
¿Qué ES usted?	Yo *SOY doctor*
¿Quién ES ella?	Ella *ES* María López
¿Qué ES ella?	Ella *ES enfermera*

PRACTICA.—Con el fin de lograr que el empleo del verbo *TO BE* (ser) se vuelva *automático*, practíquelo oralmente en presente interrogativo, afirmativo y negativo con las pala-bras abajo enumeradas. Ejemplos:

You, *tall—short. ARE* you *tall?* I'M not *tall.* I'M *short.*

Haga uso de las formas contraídas.

PRACTICE.—To make *automatic* the use of *SER* (to be), practice it orally in questions, answers and negative state-ments. Use words indicated below. Examples:

Usted, *alto—bajo.* ¿*ES* usted *alto?* No *SOY* alto. *SOY bajo.*

1 You, tall—short	1 Usted, alto—bajo
2 He, old—young	2 Él, viejo—joven
3 She, blond—brunette	3 Ella, rubia—morena
4 He, fat—thin	4 Él, gordo—delgado
5 He dark—blond	5 Él, moreno—rubio
6 They, protestant—catholic	6 Ellos, protestantes—católicos
7 You, engineer—doctor	7 Usted, ingeniero—doctor
8 She, big—small	8 Ella, grande—pequeña
9 It, long—short	9 (Imp.), largo—corto
10 It, blue—green	10 (Imp.), azul—verde
11 It, cheap—expensive	11 (Imp.), barato—caro
12 The car, new—old	12 El coche, nuevo—viejo
13 The lesson, difficult—easy	13 La lección, difícil—fácil
14 The mattress, hard—soft	14 El colchón, duro—blando
15 ⁀ ⁀ street, narrow—wide	15 La calle, angosta—ancha
⁀ity, ugly—beautiful	16 La ciudad, fea—hermosa

CONSTRUCCIÓN DE ORACIONES EN TIEMPO PRESENTE CON EL VERBO *TO BE:* SER, ESTAR

BUILDING OF SENTENCES IN PRESENT TENSE WITH THE VERB *ESTAR* (to be)

Veamos ahora al verbo *TO BE* en su acepción de *ESTAR* y notemos el empleo de las formas contraídas.

Observe the use of *ESTOY, ESTÁ, ESTAMOS,* etc. to express *location, condition,* or *state of mind.* Never use *soy, es, son* in the cases described below.

I'M	angry	Yo	*ESTOY*	enojado
You'*RE*	busy	Usted	*ESTÁ*	ocupado
He'*S*	sick	Él	*ESTÁ*	enfermo
She'*S*	sad	Ella	*ESTÁ*	triste
It'*S*	cold	(Imp.)	*ESTÁ*	frío
We'*RE*	at home	Nosotros	*ESTAMOS*	en casa
You'*RE*	tired	Ustedes	*ESTÁN*	cansados
They'*RE*	here	Ellos	*ESTÁN*	aquí

Observe ahora la posición de *ARE, IS* al preguntar y la de *NOT* para negar.

ARE	you	busy?	I'*M*	NOT	busy
IS	he	sick?	He'*S*	NOT	sick
ARE	they	at home?	They'*RE*	NOT	at home

Observe the position of *ESTÁ, ESTÁN* in questions and the omissions of subjects in the answers. Notice also the word NO before *ESTOY, ESTÁ* in the negative statements.

¿*ESTÁ*	usted	ocupado?	*NO ESTOY*	ocupado
¿*ESTÁ*	él	enfermo?	NO *ESTÁ*	enfermo
¿*ESTÁN*	ellos	en casa?	NO *ESTÁN*	en casa

Observe el empleo de las palabras interrogativas *(where, when,* etc.) así como la posición de *ARE, IS.*

Note también las formas contraídas en las respuestas.

Where	*ARE*	you?		I'*M*	here
When	*IS*	John at home?		He'*S*	in the morning
What time	*ARE*	they here?		They'*RE*	at five o'clock
How	*IS*	Mary?		She'*S*	fine

Observe the use of the interrogative words *(dónde, cuándo,* etc.) as well as the position of *está, están.* Notice also the omission of subjects in the answers.

¿Dónde	*ESTÁ*	usted?		*ESTOY*	aquí
¿Cuándo	*ESTÁ*	*Juan en casa?*		*ESTÁ*	en la mañana
¿A qué hora	*ESTÁN*	ellos aquí?		*ESTÁN*	a las cinco.
¿Cómo	*ESTÁ*	María?		*ESTÁ*	bien

PRACTICA.—Con el fin de lograr que el empleo del verbo *TO BE* (estar) se vuelva *automático,* practíquelo oralmente en presente interrogativo, afirmativo y negativo con las palabras abajo enumeradas. Ejemplos:

You, *sad-gay*. *ARE* you *sad?* I'*M* not *sad*. I'*M* gay.

PRACTICE.—To make *automatic* the use of *ESTAR* (to be), practice it orally in questions, answers and negative statements. Use words indicated below. Examples:

Usted, *triste-alegre*. *¿Está* usted *triste?* No *estoy triste*. *Estoy alegre*.

1 You, sad—gay	1 Usted, triste—alegre
2 Robert, sick—worried	2 Roberto, enfermo—preocupado
3 Susan, busy—free	3 Susana, ocupada—libre (or desocupada)
4 He, angry—nervous	4 Él, enojado—nervioso
5 You, annoyed—bored	5 —Ustedes, molestos—aburridos
6 She, thrilled—worried	6 Ella, emocionada—preocupada
7 They, excited—calm	7 Ellos, alterados—calmados
8 John, here—at home	8 Juan, aquí—en casa
9 Mary, in the city—in a ranch	9 María, en la ciudad—en un rancho
10 I, wrong—right	10 Yo, equivocado—en lo cierto (correcto)
11 You, tired—restful	11 Usted, cansado—descansado
12 We, in trouble—all right	12 Nosotros, en dificultades—bien.

CONVERSATION

CONVERSACIÓN

(Lea estas oraciones en voz alta. *Read these sentences aloud.*)

Are you a Mexican citizen?
¿Es usted ciudadano mexicano?

Yes, I am from Mexico.
Sí, soy de México.

What part of Mexico are you from?
¿De qué parte de México es usted?

I am from Guadalajara.
Soy de Guadalajara.

Are you here on business?
¿Está usted aquí de negocios?

No, I'm not here on business. I'm just a tourist.
No, no estoy aquí de negocios. Soy sólo turista.

What is your name?
¿Cómo se llama usted?

My name is Tomas Gomez
Me llamo Tomás Gómez.

What is your address in Mexico?
¿Cuál es su dirección en México?

My address is 25 Independence Street.
Mi dirección es calle de Independencia 25.

What is your occupation?
¿Cuál es su ocupación?

I'm a lawyer.
Soy abogado.

Where is your law-office?
¿Dónde está su bufete?

14

It is in Guadalajara.
Está en Guadalajara.

Are you in your law-office every day?
¿Está usted en su bufete todos los días?

I'm there every day except Saturdays and Sundays.
Estoy ahí todos los días excepto sábados y domingos.

Are you married or single?
¿Es usted casado o soltero?

I'm married and my wife is from Chicago.
Soy casado y mi esposa es de Chicago.

Is your wife in the United States?
¿Está su esposa en los Estados Unidos?

No, she isn't here. She is in Mexico now.
No, ella no está aquí. Ella está en México ahora.

Where are your parents?
¿Dónde están sus padres?

They aren't alive.
No están vivos. (No viven)

CONSTRUCCIÓN DE ORACIONES EN TIEMPO PASADO
CON EL VERBO *TO BE* (ser o estar)

BUILDING OF SENTENCES IN PAST TENSE WITH THE VERB *SER* (to be)

Observe que *WAS, WERE* son las formas en pasado de *AM, IS, ARE* y que en español equivalen a *ERA, FUE, ESTABA, ESTUVO*, etc. Note asimismo que *WAS* se emplea con *I, he, she, is* y *WERE* con las demás personas.

Observe the use of *ERA, ERAN*, etc. to express *what* the subjects *were*, and by no means *where* and *how* the subjects *were*. See the graphic of the present tense describing *soy, está*, etc. and compare it with this one.

I	*WAS*	rich	*before*	Yo	*ERA*	rico	*antes*
You	*WERE*	poor	*before*	Usted	*ERA*	pobre	*antes*
He	*WAS*	strong	*before*	Él	*ERA*	fuerte	*antes*
She	*WAS*	pretty	*before*	Ella	*ERA*	bonita	*antes*
It	*WAS*	very cheap	*before*	(Imp.)	*ERA*	barato	*antes*
We	*WERE*	partners	*before*	Nosotros	*ÉRAMOS*	socios	*antes*
You	*WERE*	friends	*before*	Ustedes	*ERAN*	amigos	*antes*
They	*WERE*	good	*before*	Ellos	*ERAN*	buenos	*antes*

Notice in the graphic above that *era, éramos*, etc. describe a historical past whose remoteness or length of time is not specific. It is equivalent in English to the form *used to be*.

On the other hand, here in this graphic below it can be observed that *fui, fue, fuimos*, express a more recent and specific past.

Yo	*FUI*		estudiante *el año pasado* (last year)
Usted	*FUE*		eficiente *el año pasado*
Él	*FUE*	mi jefe	*el año pasado*
Ella	*FUE*	mi maestra	*el año pasado*
(Imp.)	*FUE*	muy barato	*el año pasado*
Nosotros	*FUIMOS*	amigos	*el año pasado*
Ustedes	*FUERON*	socios	*el año pasado*
Ellos	*FUERON*	ricos	*el año pasado*

INTERROGATIVO				INTERROGATIVE			
WAS I	rich	*before?*		¿ERA	yo	rico	*antes?*
WERE you	poor	*before?*		¿ERA	usted	pobre	*antes?*
WERE they	good	*before?*		¿ERAN	ellos	buenos	*antes?*
				¿*FUI*	yo	estudiante *el año pasado?*	
				¿*FUE*	usted	eficiente *el año pasado?*	
				¿*FUERON*	ellos	ricos *el año pasado?*	

NEGATIVO					NEGATIVE				
I	*was* NOT		rich	*before*	Yo	NO	*era*	rico	*antes*
You	*were* NOT		poor	*before*	Usted	NO	*era*	pobre	*antes*
They	*were* NOT		good	*before*	Ellos	NO	*eran*	buenos	*antes*
					Yo	NO	*fui*	estudiante *el año pasado*	
					Usted	NO	*fue*	eficiente *el año pasado*	
					Ellos	NO	*fueron*	ricos *el año pasado*	

PRACTICA. Con el fin de lograr que el pasado del verbo *TO BE* en su acepción de *ser* se torne *automático*, practíquelo oralmente en el interrogativo, negativo y afirmativo con las palabras abajo enumeradas y de acuerdo con los sujetos que ahí se indican. Ejemplos:

They, *tall-short. WERE* they *tall?* No, they *WERE* not *tall.* They *WERE short.*

PRACTICE.—To make *automatic* the past of the verb *SER,* practice it orally in questions, answers and negative statements. Use the words indicated below. Examples:

Ellos, *altos-bajos. ¿Eran* ellos *altos?* No *ERAN altos.* Ellos *ERAN bajos.*

1 They, tall—short	1 Ellos, altos—bajos
2 He, old—young	2 Él, viejo—joven
3 She, blond—brunette	3 Ella, rubia—morena
4 He, fat—thin	4 Él, gordo—delgado
5 He, dark—blond	5 Él, moreno—rubio
6 They, protestant—catholic	6 Ellos, protestantes—católicos
7 You, engineer—doctor	7 Usted, ingeniero—doctor
8 The dog, big—small	8 El perro, grande—pequeño
9 It, long—short	9 (Imp.), largo—corto
10 It, blue—green	10 (Imp.), azul—verde
11 It, cheap—expensive	11 (Imp.), barato—caro
12 The car, new—old	12 El coche, nuevo—viejo
13 The lesson, difficult—easy	13 La lección, difícil—fácil
14 The matress, hard—soft	14 El colchón, duro—blando
15 The street, narrow—wide	15 La calle, angosta—ancha
16 The city, ugly—beautiful	16 La ciudad, fea—hermosa

CONSTRUCCIÓN DE ORACIONES EN TIEMPO PASADO CON EL VERBO TO BE: SER, ESTAR

BUILDING OF SENTENCES IN PAST TENSE WITH THE VERB ESTAR (to be)

Observe que *WAS, WERE* son las formas en pasado de *AM, IS, ARE* y que esta vez equivalen en español a *ESTABA, ESTUVE*, etc. (Véase la gráfica anterior.) Advierta también que, al igual que lo anterior, *WAS* se emplea con *I, she, he, it* y *WERE* con los demás pronombres personales.

Observe the use of *ESTABA, ESTABAN, ESTUVE*, etc. to express *where* and *how* the subjects *were*, and by no means *what* the subjects *were*. (See the graphics describing *era, eran, fui, etc.* and compare them with this one.) Notice also in this graphic that *ESTABA, ESTABAN*, etc. describe a historical past whose remoteness of time is not specific. It is equivalent in English to the form *used to be* and express *location, condition* or *state of mind*.

I *WAS*	wrong	*before*	Yo	*ESTABA*	equivocado	*antes*
You *WERE*	busy	*before*	Usted	*ESTABA*	ocupado	*antes*
He *WAS*	sick	*before*	Él	*ESTABA*	enfermo	*antes*
She *WAS*	here	*before*	Ella	*ESTABA*	aquí	*antes*
It *WAS*	raining	*before*	(Imp.)	*ESTABA*	lloviendo	*antes*
We *WERE*	sad	*before*	Nosotros	*ESTÁBAMOS*	tristes	*antes*
You *WERE*	tired	*before*	Ustedes	*ESTABAN*	cansados	*antes*
They *WERE*	at home	*before*	Ellos	*ESTABAN*	en casa	*antes*

Observe now in this graphic the use of *ESTUVE, ESTUVO*, etc., to express a more recent and specific past, describing also *location, condition* or *state of mind*.

Yo	*ESTUVE*	equivocado	*ayer* (yesterday)
Usted	*ESTUVO*	ocupado	*ayer*
Él	*ESTUVO*	enfermo	*ayer*
Ella	*ESTUVO*	triste	*ayer*
(Imp.)	*ESTUVO*	lloviendo	*ayer*
Nosotros	*ESTUVIMOS*	cansados	*ayer*
Ustedes	*ESTUVIERON*	equivocados	*ayer*
Ellos or ellas	*ESTUVIERON*	en casa	*ayer*

INTERROGATIVO				INTERROGATIVE			
WAS	I	wrong	*before?*	*¿ESTABA*	yo	equivocado	*antes?*
WERE	you	busy	*before?*	*¿ESTABA*	usted	ocupado	*antes?*
WERE	*they*	at home	*before?*	*¿ESTABAN*	ellos	en casa	*antes?*
				¿ESTUVE	yo	equivocado	*ayer?*
				¿ESTUVO	usted	ocupado	*ayer?*
				¿ESTUVIERON	ellos	en la escuela	*ayer?*

NEGATIVO				NEGATIVE			
I	*was*	NOT wrong	*before*	Yo	NO *estaba*	equivocado	*antes*
You	*were*	NOT busy	*before*	Usted	NO *estaba*	ocupado	*antes*
They	*were*	NOT here	*before*	Ellos	NO *estaban*	aquí	*antes*
				Yo	NO *estuve*	equivocado	*ayer*
				Usted	NO *estuvo*	ocupado	*ayer*
				Ellos	NO *estuvieron*	aquí	*ayer*

PRÁCTICA.—Con el fin de lograr que el empleo en pasado del verbo *TO BE,* en su acepción de *estar,* se torne *automático,* practíquelo oralmente en las formas interrogativa, negativa y afirmativa con las palabras abajo enumeradas y de acuerdo con los sujetos que ahí se indican. Ejemplos:

You, *sad-gay.* *WERE* you *sad?* I *WAS* not *sad.* I *WAS* *gay.*

PRACTICE.—To make *automatic* the past tense of *ESTAR,* practice it orally in questions, answers and negative statements. Use the words indicated below. Examples:

Usted, *triste-alegre.* *¿ESTABA* usted *triste?* No *ESTABA* *triste. ESTABA alegre.*

1 You, sad—gay

2 Robert, sick—worried

3 Susan, busy—free

4 He, angry—nervous

1 Usted, triste—alegre

2 Roberto, enfermo—preocupado

3 Susana, ocupada—libre (desocupada)

4 Él, enojado—nervioso

5 You, annoyed—bored	5 Ustedes, molestos—aburridos
6 She, thrilled—worried	6 Ella, emocionada—preocupada
7 They, excited—calm	7 Ellos, alterados—calmados
8 John, here—at home	8 Juan, aquí—en casa
9 Mary, in the city—in a ranch	9 María, en la ciudad—en un rancho
10 I, wrong—right	10 Yo, equivocado—en lo cierto (correcto)
11 You, tired—restful	11 Usted, cansado—reposado (o descansado)
12 We, in trouble—all right	12 Nosotros, en dificultades—bien

CONSTRUCCIÓN DE ORACIONES EN TIEMPO FUTURO CON EL VERBO *TO BE*

BUILDING OF SENTENCES IN FUTURE TENSE WITH THE VERB *SER* AND *ESTAR*

Observe que el auxiliar *WILL* + la palabra *be* estructuran el tiempo futuro del verbo *TO BE* en todas las personas: *I, you, he, she, it, we, you, they.*
WILL es asimismo el auxiliar del futuro para todos los verbos en inglés.

Observe the use of *SERÁ, SERÁN,* etc., to express *what* the subjects will be and, by no means *where* and *how* the subjects will be.

I *WILL be* rich	Yo	*SERÉ*	rico
You *WILL be* poor	Usted	*SERÁ*	pobre
He *WILL be* a doctor	Él	*SERÁ*	doctor
She *WILL be* a nurse	Ella	*SERÁ*	enfermera
It *WILL be* easy	(Imp.)	*SERÁ*	fácil
We *WILL be* friends	Nosotros	*SEREMOS*	amigos
You *WILL be* neighbors	Ustedes	*SERÁN*	vecinos
They *WILL be* partners	Ellos	*SERÁN*	socios

INTERROGATIVO		INTERROGATIVE		
WILL I	*be* rich?	¿*SERÉ*	yo	rico?
WILL you	*be* poor?	¿*SERÁ*	usted	pobre?
WILL they	*be* partners?	¿*SERÁN*	ellos	socios?

NEGATIVO			NEGATIVE		
I	*WILL* NOT	*be* rich	Yo	NO	*SERÉ* rico
You	*WILL* NOT	*be* poor	Usted	NO	*SERÁ* pobre
They	*WILL* NOT	*be* partners	Ellos	NO	*SERÁN* socios

Ejercicios de sustitución	*Substitution drills*
Construya otras oraciones en las tres formas del futuro, sustituyendo el complemento correspondiente a cada sujeto por:	Practice the three forms of the future tense, by substituting the complementary words corresponding to each subject for:

1 *a business man*	1 un hombre de negocios
2 *my secretary*	2 mi secretaria (fem.)
3 *United States president*	3 Presidente de los Estados Unidos
4 *my hostess*	4 mi anfitriona
5 *very cheap*	5 muy barato
6 *strangers in the office*	6 desconocidos en la oficina
7 *good citizens*	7 buenos ciudadanos
8 *very good salesmen*	8 muy buenos vendedores

Ejemplos: (1)	Examples: (1)
(af.) I *WILL* be a business man.	(aff.) Yo *SERÉ* un hombre de negocios.
(int.) *WILL* I *be* a business man?	(int.) ¿*SERÉ* yo un hombre de negocios?
(neg.) I *WILL* NOT *be* a business man.	(neg.) Yo NO *SERÉ* un hombre de negocios.

Observe ahora la forma *WILL be* expresando *estaré, estará,* etc.

Observe the use of *ESTARÉ, ESTARÁ,* etc. describing *location, condition* or *state of mind.* They express *where* and *how* the subject will be.

I *WILL be* ready tomorrow	Yo	*ESTARÉ* listo mañana
You *WILL be* busy tomorrow	Usted	*ESTARÁ* ocupado mañana
He *WILL be* here tomorrow	Él	*ESTARÁ* aquí mañana
She *WILL be* tired tomorrow	Ella	*ESTARÁ* cansada mañana
It *WILL be* ready tomorrow	(Imp.)	*ESTARÁ* listo mañana
We *WILL be* busy tomorrow	Nosotros	*ESTAREMOS* ocupados mañana
You *WILL be* happy tomorrow	Ustedes	*ESTARÁN* felices mañana
They *WILL be* there tomorrow	Ellos or ellas	*ESTARÁN* allá mañana

INTERROGATIVO				INTERROGATIVE		
WILL	I	*be*	all right *soon?*	¿ESTARÉ	yo	bien *pronto?*
WILL	you	*be*	ready *soon?*	¿ESTARÁ	usted	listo *pronto?*
WILL	they	*be*	here *soon?*	¿ESTARÁN	ellos	aquí *pronto?*

NEGATIVO				NEGATIVE		
I	WILL NOT *be*	ready *soon*		Yo	NO *ESTARÉ*	listo *pronto*
You	WILL NOT *be*	ready *soon*		Usted	NO *ESTARÁ*	listo *pronto*
They	WILL NOT *be*	here *soon*		Ellos	NO *ESTARÁN*	aquí *pronto*

Ejercicios de sustitución	*Substitution drills*
Construya otras oraciones en el futuro afirmativo, interrogativo y negativo, sustituyendo el complemento correspondiente a cada sujeto por:	Practice the three forms of the future tense by substituting the complementary words corresponding to each subject for:

1 *at home tomorrow* 2 *on the beach soon* 3 *in good condition soon* 4 *discouraged soon* 5 *full soon* 6 *in school next year* 7 *satisfied soon* 8 *in trouble soon*	1 en casa mañana 2 en la playa pronto 3 en buenas condiciones pronto 4 desanimado pronto 5 lleno pronto 6 en la escuela el año próximo 7 satisfechos pronto 8 en dificultades pronto

Ejemplos:	Examples:
(1)	(1)
(af.) I *WILL be* at home tomorrow. (int.) *WILL* I *be* at home tomorrow? (neg.) I *WILL* NOT *be* at home tomorrow.	(aff.) Yo *ESTARÉ* en casa mañana. (int.) ¿*ESTARÉ* yo en casa mañana? (neg.) Yo NO *ESTARÉ* en casa mañana.

PATRÓN PARA CONSTRUIR ACCIONES BÁSICAS EN PRESENTE AFIRMATIVO

PATTERN TO BUILD THE PRESENT TENSE OF "AR VERBS": HABL*AR*

Advierta la S de speak*S* en *he, she, it* (él, ella, ello) para toda acción en presente; o en palabras que expresen un sujeto en tercera persona del singular, como *Robert, Mary, my mother* (mi madre), *my brother* (mi hermano), *the girl* (la muchacha), *the parrot* (el perico), etc.

Observe the endings *O, A, AMOS, AN* corresponding to the first Spanish conjugation: *AR*.

Infinitivo: speak (spí-ic)		Infinitive: *hablAR*	
I speak		Yo	habl*O*
You speak		Usted	habl*A*
He speak*S*		Él	habl*A*
She speak*S*		Ella	habl*A*
It speak*S*		(neuter)	habl*A*
We speak		Nosotros	habl*AMOS*
You speak		Ustedes	habl*AN*
They speak		Ellos (or ellas)	habl*AN*

Pronombres Personales — Personal Pronouns

I (ai)	= yo	It (it)	= ello (neuter)
You (iú)	= tú o usted	We (uí)	= nosotros
He (ji)	= él	You (iú)	= ustedes
She (shi)	= ella	They (dei)	= ellos o ellas

EJERCICIOS DE SUSTITUCIÓN

Tomando como modelo este patrón de construcción, conjúguense las siguientes acciones básicas en presente. Recuérdese añadir *S* al verbo únicamente en la acción correspondiente a *he, she* o *it*.

1 EAT (í-it) = comer
2 DRINK (drinc) = beber, tomar
3 BUY (bai) = comprar
4 GET (guet) = conseguir
5 LEAVE (lí-iv) = salir, dejar
6 SEE (sí-i) = ver

7 SLEEP (slí-ip) = dormir
8 WORK (uérc) = trabajar
9 FIND (fáind) = encontrar
10 WALK (uóc) = caminar
11 READ (rí-id) = leer
12 WRITE (rait) = escribir

PATRÓN PARA CONSTRUIR ACCIONES EN PRESENTE INTERROGATIVO

PATTERN TO BUILD QUESTIONS IN PRESENT TENSE

Observe ahora cómo la S correspondiente a *he, she, it* en el presente afirmativo desaparece aquí en el interrogativo del verbo *(speak)*, ya que ésta es absorbida por el auxiliar *doeS*.

DO	I	speak?	¿Habl*O*	yo?
DO	you	speak?	¿Habl*A*	usted?
DOES	he	speak?	¿Habl*A*	él?
DOES	she	speak?	¿Habl*A*	ella?
DOES	it	speak?	¿Habl*A*?	(impersonal)
DO	we	speak?	¿Habl*AMOS*	nosotros?
DO	you	speak	¿Habl*AN*	ustedes?
DO	they	speak?	¿Habl*AN*	ellos or ellas?

EJERCICIOS DE SUSTITUCIÓN

Conjugue otras acciones en presente interrogativo sustituyendo en este patrón *speak* (hablar) por:

1 EAT = comer
2 DRINK = beber, tomar
3 BUY = comprar
4 GET = conseguir, obtener
5 LEAVE = salir, dejar
6 SEE = ver
7 SLEEP = dormir
8 WORK = trabajar
9 FIND = encontrar
10 WALK = caminar
11 READ = leer
12 WRITE = escribir

DRILLS

See the drills to conjugate regular Spanish verbs in the next following pages: *CONJUGATION IN PRESENT TENSE OF SPANISH REGULAR VERBS,* pages No. 29 and 30.

PATRÓN PARA CONSTRUIR ACCIONES EN PRESENTE NEGATIVO

PATTERN TO BUILD NEGATIVE STATEMENTS IN PRESENT TENSE

Adviértase cómo aquí también la S correspondiente a *he, she, it* no se adhiere al verbo *(speak)*, sino que ésta pasa al auxiliar negativo *doeSn't.*

I	DON'T	speak	Yo	NO	hablO
You	DON'T	speak	Usted	NO	hablA
He	DOESN'T	speak	Él	NO	hablA
She	DOESN'T	speak	Ella	NO	hablA
It	DOESN'T	speak	(Impersonal)	NO	hablA
We	DON'T	speak	Nosotros	NO	hablAMOS
You	DON'T	speak	Ustedes	NO	hablAN
They	DON'T	speak	Ellos or ellas	NO	hablAN

NOTA: *Don't* es la contracción de *do not* (pronúnciese du not) y es equivalente en español a *no* para oraciones negativas que se emplean en *I, you, we, you* (plural) y *they.*

DOESN'T (pronúnciese dósent) es la contracción de *does not* (dos not) y es equivalente en castellano a *no* para oraciones negativas que se emplean en *he, she, it* u otras palabras como *Robert, Mary, my brother, the girl,* etc.

EJERCICIOS DE SUSTITUCIÓN

Conjugue otras acciones en presente negativo sustituyendo en este patrón el verbo *speak* (hablar) por: *eat, drink, buy, get, leave, see, sleep, work, find, walk, read* y *write.*

DRILLS

See the drills to conjugate regular Spanish verbs in the next following pages: *CONJUGATION IN PRESENT TENSE OF SPANISH REGULAR VERBS,* pages No. 29 and 30.

CONJUGATION IN PRESENT TENSE OF SPANISH REGULAR VERBS

There are three different conjugations in present tense for the Spanish infinitives according to their endings: *AR, ER, IR* (habl*AR* = to speak, com*ER* = to eat, escrib*IR* = to write).

FIRST CONJUGATION: *AR*

The present tense is formed by suppressing the ending *AR* from the infinitive (habl*AR*) and adding to the radical (habl –) the inflections *O, A, AMOS, AN:*

$$
\text{habl}
\begin{cases}
O & \text{(I)} \\
A & \text{(You, he, she, it)} \\
AMOS & \text{(we)} \\
AN & \text{(you, they)}
\end{cases}
$$

SECOND CONJUGATION: *ER*

The present tense is formed by suppressing the ending *ER* from the infinitive (com*ER*) and adding to the radical (com–) the inflections *O, E, EMOS, EN:*

$$
\text{com}
\begin{cases}
O & \text{(It)} \\
E & \text{(You, he, she, it)} \\
EN & \text{(you, they)} \\
EMOS & \text{(we)}
\end{cases}
$$

THIRD CONJUGATION: *IR*

The present tense is formed by suppressing the ending *IR* from the infinitive (escrib*IR*) and adding to the radical (escrib–) the inflections *O, E, IMOS, EN:*

$$
\text{com}
\begin{cases}
O & \text{(I)} \\
E & \text{(You, he, she, it)} \\
EMOS & \text{(we)} \\
EN & \text{(you, they)}
\end{cases}
$$

29

OTHER EXAMPLES WITH THE THREE CONJUGATIONS

1 Compr*AR* (to buy)   : compr *(o) (a) (amos) (an)*

2 Corr*ER*   (to run)   : corr *(o) (e) (emos) (en)*

3 Recib*IR*   (to receive): recib *(o) (e) (imos) (en)*

ORAL DRILLS

Conjugate orally the following verbs in present tense.

AR verbs		*ER* verbs		*IR* verbs	
Camin*ar*	(to walk)	Beb*er*	(to drink)	Part*ir*	(to cut, to depart)
trabaj*ar*	(to work)	v*er*	(to see)	exprim*ir*	(to squeeze)
manej*ar*	(to drive)	vend*er*	(to sell)	sufr*ir*	(to suffer)
baj*ar*	(to go down)	le*er*	(to read)	sub*ir*	(to go up)
viaj*ar*	(to travel)	comprend*er*	(to understand)	cubr*ir*	(to cover)
nad*ar*	(to swim)	aprend*er*	(to learn)	discut*ir*	(to argue)
cobr*ar*	(to charge, to collect)	romp*er*	(to break)	sacud*ir*	(to shake, to dust)
pag*ar*	(to pay)	escond*er*	(to hide)	permit*ir*	(to permit, to let)
envi*ar*	(to send)	met*er*	(to put into)	bat*ir*	(to beat)
necesit*ar*	(to need)	barr*er*	(to sweep)	reun*ir*	(to gather)

EXPOSICIÓN GRÁFICA DEL TIEMPO PRESENTE EN SUS FORMAS AFIRMATIVA, INTERROGATIVA Y NEGATIVA
GRAPHICS OF THE PRESENT TENSE IN ITS THREE FORMS: AFFIRMATIVE, INTERROGATIVE AND NEGATIVE

Afirmativo			Affirmative	
	Fonética			
I SPEAK	(ai spíic)		Yo	HABLO
You WALK	(iú uóc)		Usted	CAMINA
He READS	(ji ríids)		Él	LEE
She WRITES	(shi ráits)		Ella	ESCRIBE
It RAINS	(it réins)		(neuter)	LLUEVE
We SWIM	(uí suim)		Nosotros	NADAMOS
You RUN	(iú ron)		Ustedes	CORREN
They DANCE	(dei dans)		Ellos (as)	BAILAN

Interrogativo			Interrogative	
Do	I	SPEAK?	¿HABLO	yo?
Do	you	WALK?	¿CAMINA	usted?
*Do*es	he	READ?	¿LEE	él?
*Do*es	she	WRITE?	¿ESCRIBE	ella?
*Do*es	it	RAIN?	¿LLUEVE?	(neuter)
Do	we	SWIM?	¿NADAMOS	nosotros?
Do	you	RUN?	¿CORREN	ustedes?
Do	they	DANCE?	¿BAILAN	ellos(as)?

Negativo		Negative	
I *do*	not SPEAK	Yo no	habl*O*
You *do*	not WALK	Usted no	camin*A*
He *does*	not READ	Él no	le*E*
She *does*	not WRITE	Ella no	escrib*E*
It *does*	not RAIN	(neuter) no	lluev*E*
We *do*	not SWIM	Nosotros no	nad*AMOS*
You *do*	not RUN	Ustedes no	corr*EN*
They *do*	not DANCE	Ellos(as) no	bail*AN*

DO (Pronúnciese: du) es el auxiliar del presente interrogativo para *I, you, we, you* y *they.*

DOES (Pronúnciese: dos) es el auxiliar del presente interrogativo para *he, she, it.*

DO NOT (Pronúnciese: du not) es el auxiliar del presente negativo para *I, you, we, you* y *they.* Contracción *DON*'T.

DOES NOT (Pronúnciese: dos not) es el auxiliar del presente negativo para *he, she, it.* Contracción *DOESN*'T.

"GENERAL PATTERN TO FORM THE INTERROGATIVE AND NEGATIVE FOR ALL TENSES AND WITH ALL SPANISH VERBS"

RULE FOR THE INTERROGATIVE: To form questions in Spanish in any tense; the position of the verb is before the subject. In other words, such a position is inverted to that of the affirmative, which is a follows: subjects + verbs.

$$INTERROGATIVE = VERB + SUBJECT......?$$

Key examples:

	Affirmative			Interrogative	
yo	hablo	(I speak)	¿hablo	yo?	(do I speak?)
usted	habla	(you speak)	¿habla	usted?	(do you speak?)
nosotros	hablamos	(we speak)	¿hablamos	nosotros?	(do we speak?)
ellos	hablan	(they speak)	¿hablan	ellos?	(do they speak?)
yo	hablé	(I spoke)	¿hablé	yo?	(did I speak?)
usted	habló	(you spoke)	¿habló	usted?	(did you speak?)
nosotros	hablamos	(we spoke)	¿hablamos	nosotros?	(did we speak?)
ellos	hablaron	(they spoke)	¿hablaron	ellos?	(did they speak?)
yo	hablaré	(I'll speak)	¿hablaré	yo?	(will I speak?)
usted	hablará.	you'll speak)	¿hablará	usted?	(will you speak?)
nosotros	hablaremos	(we'll speak)	¿hablaremos	nosotros?	(will we speak?)
ellos	hablarán	(they'll speak)	¿hablarán	ellos?	(will they speak?)

RULE FOR THE NEGATIVE: To form negative statements in Spanish in any tense, the word *NO* should be used right after the subject. The position of the verb occupies the third place, that is, after the negative particle *NO*.

NEGATIVE = SUBJECT + *NO* + VERB

Key examples:

YO *NO* ESCRIBO	(I don't write)
USTED *NO* ESCRIBE	(you don't write)
NOSOTROS *NO* ESCRIBIMOS	(we don't write)
ELLOS *NO* ESCRIBEN	(they don't write)
YO *NO* ESCRIBÍ	(I didn't write)
USTED *NO* ESCRIBIÓ	(you didn't write)
NOSOTROS *NO* ESCRIBIMOS	(we didn't write)
ELLOS *NO* ESCRIBIERON	(they didn't write)
YO *NO* ESCRIBIRÉ	(I won't write)
USTED *NO* ESCRIBIRÁ	(you won't write)
NOSOTROS *NO* ESCRIBIREMOS	(we won't write)
ELLOS *NO* ESCRIBIRÁN	(they won't write)

EMPLEO DE "TO" DESPUÉS DEL VERBO *WANT* (QUERER)

USE OF *AR, ER* AND *IR* INFINITIVES AFTER THE VERB *QUERER* (TO WANT)

Obsérvese la partícula *to* después de WANT en los verbos en infinitivo (*to* speak, *to* walk, *to* read, etc.).

Observe the inflections *iero, iere, eremos, ieren* as well as the three endings of Spanish infinitives: AR, ER and IR.

Afirmativo			Affirmative		
I WANT	*to* speak		Yo qu*iero*	habl*ar*	
You WANT	*to* walk		Usted qu*iere*	camin*ar*	
He WANT*S*	*to* read		Él qu*iere*	le*er*	
She WANT*S*	*to* write		Ella qu*iere*	escrib*ir*	
It WANT*S*	*to* rain		(neuter) qu*iere*	llov*er*	
We WANT	*to* swim		Nosotros qu*eremos*	nad*ar*	
You WANT	*to* run		Ustedes qu*ieren*	corr*er*	
They WANT	*to* dance		Ellos(as) qu*ieren*	bail*ar*	
They dance			Ellos(as) bailan		

Interrogativo				Interrogative		
Do	I	WANT *to* speak?		¿qu*iero*	yo	habl*ar*?
Do	you	WANT *to* walk?		¿qu*iere*	usted	camin*ar*?
Does he		WANT *to* read?		¿qu*iere*	él	le*er*?
Does she		WANT *to* write?		¿qu*iere*	ella	escrib*ir*?
Does it		WANT *to* rain?		¿qu*iere*	(neuter)	llov*er*?
Do	we	WANT *to* swim?		¿qu*eremos* nosotros		nad*ar*?
Do	you	WANT *to* run?		¿qu*ieren*	ustedes	corr*er*?
Do	they	WANT *to* dance?		¿qu*ieren*	ellos(as)	bail*ar*?
Do	they	dance?		¿bailan	ellos(as)?	

Negativo				Negative		
I do	not want to	speak		Yo no quiero	hablar
You do	not want to	walk		Usted no quiere	caminar
He does	not want to	read		Él no quiere	leer
She does	not want to	write		Ella no quiere	escribir
It does	not want to	rain		(neuter) no quiere	llover
We do	not want to	swim		Nosotros no queremos	nadar
You do	not want to	run		Ustedes no quieren	correr
They do	not want to	dance		Ellos(as) no quieren	bailar
They do	not dance			Ellos(as) no bailan	

EJERCICIOS

Practique las formas afirmativa, interrogativa y negativa, sustituyendo en cada persona el verbo en infinitivo aquí empleado,
por: *to talk* (platicar), *to hear* (oir), *to jump* (saltar), *to play*
(jugar), *to sing* (cantar), *to work* (trabajar), *to rest* (descansar),
to stand up (ponerse de pie) y *to sit down* (sentarse).

DRILLS

Practice the affirmative, interrogative and negative by substituting in each pronoun, the infinitives used here for: *platicar* (to
talk), *oir* (to hear), *saltar* (to jump), *jugar* (to play), *cantar*
(to sing), *trabajar* (to work), *descansar* (to rest), *ponerse de
pie* (to stand up) and *sentarse* (to sit down).

NOTE: After the reflexive verbs *ponerSE de pie* and *sentarSE*
you must add the words *ME, SE, SE, SE, SE, NOS,
SE* and *SE* in the same order the personal pronouns
are used. Examples:

Yo quiero poner*ME* de pie.
Usted quiere poner*SE* de pie.
Él quiere poner*SE* de pie.

Nosotros queremos sentar*NOS*.
Ustedes quieren sentar*SE*.
Ellos quieren sentar*SE*.

36

Treinta acciones básicas en infinitivo.		Thirty basic actions in infinitive.
1 *TO* READ	(tu ri-id)	= le*ER*
2 *TO* WRITE	(tu ráit)	= escrib*IR*
3 *TO* HEAR	(tu jíir)	= o*IR*
4 *TO* TALK	(tu toc)	= platic*AR*, convers*AR*
5 *TO* WALK	(tu uóc)	= camin*AR*, and*AR*
6 *TO* RUN	(tu ron)	= corr*ER*
7 *TO* JUMP	(tu yomp)	= salt*AR*, brinc*AR*
8 *TO* SWIM	(tu suím)	= nad*AR*
9 *TO* DANCE	(tu dans)	= bail*AR*
10 *TO* SING	(tu sing)	= cant*AR*
11 *TO* PLAY	(tu plei)	= jug*AR*, toc*AR* (a musical instrument)
12 *TO* REST	(tu rest)	= descans*AR*
13 *TO* WORK	(tu uérc)	= trabaj*AR*
14 *TO* STAND UP	(tu stand op)	= est*AR* de pie
15 *TO* SIT DOWN	(tu sid dáun)	= sent*AR*se
16 *TO* RAIN	(tu réin)	= llov*ER*
17 *TO* BUY	(tu bai)	= compr*AR*
18 *TO* FIND	(tu fáind)	= encontr*AR*
19 *TO* EAT	(tu í-it)	= com*ER*
20 *TO* DRINK	(tu drinc)	= beb*ER*
21 *TO* SEE	(tu sí-i)	= v*ER*
22 *TO* GET	(tu guet)	= consegu*IR*
23 *TO* SLEEP	(tu slí-ip)	= dorm*IR*
24 *TO* LEAVE	(tu lí-iv)	= sal*IR*, dej*AR*
25 *TO* KNOW	(tu nóu)	= conoc*ER*, sab*ER*
26 *TO* PUT	(tu put)	= pon*ER*
27 *TO* SEND	(tu send)	= envi*AR*
28 *TO* BRING	(tu bring)	= tra*ER*
29 *TO* TAKE	(tu téic)	= tom*AR*, llev*AR*
30 *TO* GIVE	(tu guiv)	= d*AR*

EMPLEO DE *TO* DESPUÉS DEL VERBO *LIKE* (GUSTAR)
USE OF *ME, LE, NOS, LES* BEFORE THE VERB *GUSTAR*
(TO LIKE)

Obsérvese la partícula *to* después de LIKE en los verbos en infinitivo *(to* speak, *to* walk, *to* read, etc.).

Observe the use of *ME, LE, NOS, LES,* before the word GUSTA. Notice also the *AR, ER* and *IR* infinitives.

Afirmativo		
I LIKE	*to* speak	
You LIKE	*to* walk	
HE LIKES	*to* read	
She LIKES	*to* write	
It LIKES	*to* rain	
We LIKE	*to* swim	
You LIKE	*to* run	
They LIKE	*to* dance	
They *can*	dance	

Affirmative		
ME	*gusta*	habl*ar*
LE	*gusta*	camin*ar*
LE	*gusta* (a él)	le*er*
LE	*gusta* (a ella)	escrib*ir*
LE	*gusta* (neuter)	llov*er*
NOS	*gusta*	nad*ar*
LES	*gusta* (a Uds.)	corr*er*
LES	*gusta* (a ellos)	bail*ar*
Ellos(as) pueden bailar		

Interrogativo		
Do	I	LIKE *to* speak?
Do	you	LIKE *to* walk?
Does	he	LIKE *to* read?
Does	she	LIKE *to* write?
Does	it	LIKE *to* rain?
Do	we	LIKE *to* swim?
Do	you	LIKE *to* run?
Do	they	LIKE *to* dance?
Can	they	dance?

Negativo			
I	*do*	not LIKE *to* speak	
You	*do*	not LIKE *to* walk	
He	*does*	not LIKE *to* read	
She	*does*	not LIKE *to* write	
It	*does*	not LIKE *to* rain	
We	*do*	not LIKE *to* swim	
You	*do*	not LIKE *to* run	
They	*do*	not LIKE *to* dance	
They	*can*	not dance	

EJERCICIOS

Practique las formas afirmativa, interrogativa y negativa, sustituyendo en cada persona el verbo en infinitivo aquí empleado por: *to talk, to hear, to jump, to play, to sing, to work, to rest, to stand up* y *to sit down.*

DRILLS

Practice the affirmative, interrogative and negative by substituting in each pronoun the infinitives used here for: *platicar, oír, saltar, jugar, cantar, trabajar, descansar, ponerse de pie* and *sentarse.*

EL VERBO *TO BE* (estar) EN ACCIONES PROGRESIVAS: FORMA *ING*

THE VERB *ESTAR* WITH THE PRESENT PROGRESSIVE: *ANDO* AND *IENDO* ENDINGS

Observe la terminación *ING* añadida a verbos en su forma simple (speak, walk, rain, etc.) originando lo equivalente a habl*ANDO*, camin*ANDO*, llov*IENDO*, etc.

Observe how the endings *ANDO* and *IENDO* added to the verb radicals (habl–, camin–, llov–, etc.) are equivalent to the *ING* form actions: speak*ING*, walk*ING*, rain*ING*, etc.).

Afirmativo	
I'M	speak*ING*
You'*RE*	walk*ING*
HE'*S*	read*ING*
She'*S*	writ*ING*
It'*S*	rain*ING*
We'*RE*	swimm*ING*
You'*RE*	runn*ING*
They'*RE*	danc*ING*
They	dance

Affirmative		
Yo ESTOY		habl*ANDO*
Usted ESTÁ		camin*ANDO*
Él ESTÁ		ley*ENDO*
Ella ESTÁ		escrib*IENDO*
(neuter) ESTÁ		llov*IENDO*
Nosotros ESTAMOS		nad*ANDO*
Ustedes ESTÁN		corr*IENDO*
Ellos(as) ESTÁN		bail*ANDO*
Ellos(as)		bailan

Interrogativo		
AM	I	speak*ING*?
ARE	you	walk*ING*?
IS	he	read*ING*?
IS	she	writ*ING*?
IS	it	rain*ING*?
ARE	we	swimm*ING*?
ARE	you	runn*ING*?
ARE	they	danc*ING*?
Do	they	dance?

Negativo		
I'*M*	not	speak*ING*
You	*AREN'T*	walk*ING*
He	*ISN'T*	read*ING*
She	*ISN'T*	writ*ING*
It	*ISN'T*	rain*ING*
We	*AREN'T*	swimm*ING*
You	*AREN'T*	runn*ING*
They	*AREN'T*	danc*ING*
They	*don't*	dance

EJERCICIOS

Practique las formas afirmativa, interrogativa y negativa, sustituyendo en cada persona el verbo en su forma *ING* aquí empleado por: *talking* (platicando conversando), *hearing* (oyendo), *jumping* (saltando), *playing* (jugando), *singing* (cantando), *working* (trabajando), *resting* (descansando), *standing up* (estando de pie) y *sitting down* (sentándose).

DRILLS

Practice these forms by substituting in each pronoun, the verbs used here for: *platic*ANDO, *oy*ENDO, *salt*ANDO, *cant*ANDO, *trabaj*ANDO, *descans*ANDO, *pon*IENDO(se) *de pie* and *sent*ANDO(se).

WAS Y WERE CON LA FORMA ING: PASADO PROGRESIVO
ESTABA, ESTABAN AND THE ANDO, IENDO ENDINGS: PAST PROGRESSIVE

Observe ahora WAS y WERE seguidos de verbos terminados en ING.

Observe actions ending with ANDO and IENDO after the words ESTABA, ESTABAN, etc.

Afirmativo	
I *WAS*	speak*ING*
You *WERE*	walk*ING*
He *WAS*	read*ING*
She *WAS*	writ*ING*
It *WAS*	rain*ING*
We *WERE*	swim*mING*
You *WERE*	runn*ING*
They *WERE*	danc*ING*
They danc*ed*	

Affirmative	
Yo *estaba*	habl*ANDO*
Usted *estaba*	camin*ANDO*
Él *estaba*	ley*ENDO*
Ella *estaba*	escrib*IENDO*
(neuter) *estaba*	llov*IENDO*
Nosotros *estábamos*	nad*ANDO*
Ustedes *estaban*	corr*IENDO*
Ellos(as) *estaban*	bail*ANDO*
Ellos(as) *bailaron*	

Interrogativo		
WAS	I	speak*ING?*
WERE	you	walk*ING?*
WAS	he	read*ING?*
WAS	she	writ*ING?*
WAS	it	rain*ING?*
WERE	we	swim*mING?*
WERE	you	runn*ING?*
WERE	they	danc*ING?*
Did	they	dance?

Negativo		
I	*WAS*N'T	speak*ING*
You	*WERE*N'T	walk*ING*
He	*WAS*N'T	read*ING*
She	*WAS*N'T	writ*ING*
It	*WAS*N'T	rain*ING*
We	*WERE*N'T	swim*mING*
You	*WERE*N'T	runn*ING*
They	*WERE*N'T	danc*ING*
They	did*n't*	dance

EJERCICIOS

Practique las formas afirmativa, interrogativa y negativa, sustituyendo en cada persona el verbo en gerundio aquí empleado por: *talking, hearing, jumping, playing, singing, working, resting, standing up* y *sitting down.*

DRILLS

Practice these forms by substituting in each pronoun the verbs used here for: *platic*ANDO, *oy*ENDO, *salt*ANDO, *jug*ANDO, *cant*ANDO, *trabaj*ANDO, *descans*ANDO, *pon*IENDO(se), *de pie* and *sent*ANDO(se).

EMPLEO DEL VERBO *TO BE* CON LA FORMA *GOING*
TO + EL VERBO EN INFINITIVO: *FUTURO*
IDIOMÁTICO

USE OF *VOY, VA, VAMOS,* ETC. WITH *AR, ER* AND *IR*
INFINITIVES: *IDIOMATIC FUTURE*

Observe la partícula "to" después de GOING.

Observe the word *a* after *VOY, VA, VAMOS,* etc., and the *AR, ER, IR* infinitives.

Afirmativo		
I'm GOING	*to*	speak
You're GOING	*to*	walk
He's GOING	*to*	read
She's GOING	*to*	write
It's GOING	*to*	rain
We're GOING	*to*	swim
You're GOING	*to*	run
They're GOING	*to*	dance
They're dancing		

Affirmative		
Yo VOY	*a*	habl*ar*
Usted VA	*a*	camin*ar*
Él VA	*a*	le*er*
Ella VA	*a*	escrib*ir*
(neuter) VA	*a*	llov*er*
Nosotros VAMOS	*a*	nad*ar*
Ustedes VAN	*a*	corr*er*
Ellos(as) VAN	*a*	bail*ar*
Ellos(as) están		bailando

Interrogativo		
Am I	GOING *to*	speak?
Are you	GOING *to*	walk?
Is he	GOING *to*	read?
Is she	GOING *to*	write?
Is it	GOING *to*	rain?
Are we	GOING *to*	swim?
Are you	GOING *to*	run?
Are they	GOING *to*	dance?
Are they	dancing?	

Negativo		
I'm not	GOING *to*	speak
You're not	GOING *to*	walk
He's not	GOING *to*	read
She's not	GOING *to*	write
It's not	GOING *to*	rain
We're not	GOING *to*	swim
You're not	GOING *to*	run
They're not	GOING *to*	dance
They're not	dancing	

EJERCICIOS

Practique las formas afirmativa interrogativa y negativa, sustituyendo en cada persona el verbo en infinitivo aquí empleado por: *to talk, to hear, to jump, to play, to sing, to work, to rest, to stand up* y *to sit down.*

DRILLS

Practice these forms by substituting in each pronoun, the infinitives used here for: *platic*AR, *o*IR, *salt*AR, *jug*AR, *cant*AR, *trabaj*AR, *descans*AR, *pon*ER(se) de pie and *sent*AR(se).

WAS Y WERE CON LA FORMA GOING TO + EL VERBO EN INFINITIVO
USE OF IBA, ÍBAMOS, ETC. WITH AR, ER AND IR INFINITIVES

Observe la partícula "to" después de GOING.
Observe the use of the word a after IBA, ÍBAMOS, etc., and the verbs in infinitive.

Afirmativo
I *was* GOING *to* speak
You *were* GOING *to* walk
He *was* GOING *to* read
She *was* GOING *to* write
It *was* GOING *to* rain
We *were* GOING *to* swim
You *were* GOING *to* run
They *were* GOING *to* dance
They *were* dancing

Affirmative	
Yo IBA	a hablar
Usted IBA	a caminar
Él IBA	a leer
Ella IBA	a escribir
(neuter) IBA	a llover
Nosotros ÍBAMOS	a nadar
Ustedes IBAN	a correr
Ellos(as) IBAN	a bailar
Ellos(as) *estaban*	bailando

Interrogativo	
Was I	GOING *to* speak?
Were you	GOING *to* walk?
Was he	GOING *to* read?
Was she	GOING *to* write?
Was it	GOING *to* rain?
Were we	GOING *to* swim?
Were you	GOING *to* run?
Were they	GOING *to* dance?
Were they	dancing?

Negativo
I *was* not GOING *to* speak
You *were* not GOING *to* walk
He *was* not GOING *to* read
She *was* not GOING *to* write
It *was* not GOING *to* rain
We *were* not GOING *to* swim
You *were* not GOING *to* run
They *were* not GOING *to* dance
They *were* not dancing

EJERCICIOS

Practique las formas afirmativa, interrogativa y negativa, sustituyendo en cada persona el verbo en infinitivo aquí empleado por: *to talk, to hear, to jump, to play, to sing, to work, to rest, to stand up* y *to sit down.*

DRILLS

Practice these forms by substituting in each pronoun the infinitives used here for: *platicAR, oÍR, saltAR, jugAR, cantAR, trabajAR, descansAR, ponER(se) de pie* and *sentAR(se).*

EMPLEO DE *CAN* (Poder) PARA EXPRESAR *HABILIDAD* EN TIEMPO PRESENTE
USE OF *PUEDO, PUEDE, PODEMOS* TO EXPRESS *ABILITY* IN PRESENT TENSE

Obsérvese que después de *CAN*, la partícula *"to"* del infinitivo se suprime. Note asimismo que en he, she, it, la forma verbal no lleva *S*.

Notice the infinitives ended with *ar, er* and *ir* (habl*ar*, le*er*, escrib*ir*) after *PUEDO, PUEDE*, etc.

Afirmativo	
I *CAN*.	speak
You *CAN*	walk
He *CAN*	read
She *CAN*	write
It *CAN*	rain
We *CAN*	swim
You *CAN*	run
They *CAN*	dance
They want	*to* dance

Affirmative	
Yo *PUEDO*	habl*ar*
Usted *PUEDE*	camin*ar*
Él *PUEDE*	le*er*
Ella *PUEDE*	escrib*ir*
(neuter) *PUEDE*	llov*er*
Nosotros *PODEMOS*	nad*ar*
Ustedes *PUEDEN*	corr*er*
Ellos(as) *PUEDEN*	bail*ar*
Ellos(as) quieren	bailar

Interrogativo	
CAN I	speak?
CAN you	walk?
CAN he	read?
CAN she	write?
CAN it	rain?
CAN we	swim?
CAN you	run?
CAN they	dance?
Do they	want *to* dance?

Negativo		
I *CAN*	*not*	speak
You *CAN*	*not*	walk
He *CAN*	*not*	read
She *CAN*	*not*	write
It *CAN*	*not*	rain
We *CAN*	*not*	swim
You *CAN*	*not*	run
They *CAN*	*not*	dance
They *don't*	want *to* dance	

EJERCICIOS

Practique las formas afirmativa, interrogativa y negativa, sustituyendo en cada persona el verbo en infinitivo aquí empleado por: *talk, hear, jump, play, sing, work, rest, stand up* y *sit down*.

DRILLS

Practice these forms by substituting in each pronoun the verbs used here for: *platicar, oir, saltar, jugar, cantar, trabajar, descansar, poner*(se) *de pie* and *sentar*(se). Use other verbs also.

SOLICITANDO INFORMACIÓN CON EL VERBO CAN

SEEKING INFORMATION WITH THE VERB PODER

1 Can *you tell me how to go to that place?*
1 *¿Puede* usted decirme cómo ir a ese lugar?

2 Can *you tell me how to get there?*
2 *¿Puede* usted decirme cómo llegar ahí?

3 *Where* can *I get a bus to go down town?*
3 ¿Dónde *puedo* tomar un autobús para ir al centro?

4 Can *you tell me where to get a bus to go down town?*
4 *¿Puede* usted decirme dónde tomar un autobús para ir al centro?

5 Can *I get off at the corner?*
5 *¿Puedo* bajarme en la esquina?

6 Can *I get on another bus at the next stop?*
6 *¿Puedo* subirme en otro autobús en la próxima parada?

7 Can *you stop around the corner?*
7 *¿Puede* usted detenerse al doblar la esquina?

8 *Where* can *I go now?*
8 ¿Dónde *puedo* ir ahora?

9 *How* can *I get there?*
9 ¿Cómo *puedo* llegar ahí?

10 *How* can *I go down town?*
10 ¿Cómo *puedo* ir al centro?

11 *How* can *I get across?*
11 Cómo *puedo* cruzar?

12 *Where* can *I get off?*
12 ¿Dónde *puedo* bajarme?

13 Can *you tell me where to get off?*
13 *¿Puede* usted decirme dónde bajarme?

14 *Where* can *I find a drug-store around here?*
14 ¿Dónde *puedo* encontrar una farmacia por aquí?

15 Can *you tell me where to find a drug-store around here?*
15 *¿Puede* usted decirme dónde encontrar una farmacia por aquí?

16 Can *I see you later?*
16 *¿Puedo* verle más tarde?

17 *Where* can *I see you later?*
17 ¿Dónde *puedo* verle más tarde?

18 *When* can *I see him?*
18 ¿Cuándo *puedo* verlo a él?

19 *How* can *I see him?*
19 ¿Cómo *puedo* verlo a él?

20 *At what time* can *I see him tomorrow?*
20 ¿A qué hora *puedo* verlo a él mañana?

21 *When* can *I speak to them?*
21 ¿Cuándo *puedo* hablarles a ellos?

22 *Where* can *I speak to her?*
22 ¿Dónde *puedo* hablarle a ella?

23 *At what time* can *I call you tomorrow?*
23 ¿A qué hora *puedo* llamarle mañana?

24 Can *you help me?*
24 *¿Puede* usted ayudarme?

25 Can *I help you?*
25 ¿En qué *puedo* servirlo?

26 Can *you give me your address?*
26 *¿Puede* usted darme su dirección?

27 Can *you give me a ring?*
27 *¿Puede* usted llamarme por teléfono?

28 *At what time* can *I give you a ring?*
28 ¿A qué hora *puedo* llamarle por teléfono?

29 Can *I leave a message for him?*
29 *¿Puedo* dejarle un recado a él?

30 Can *you give him a message for me?*
30 *¿Puede* usted darle un recado de mi parte?

31 Can *you tell him to give me a ring?*
31 *¿Puede* usted decirle a él que me llame por teléfono?

32 Can *you tell him to leave a message for me?*
32 *¿Puede* usted decirle que me deje un recado?

33 Can *you send this to my hotel?*
33 *¿Puede* usted enviar ésto a mi hotel?

34 Can *I send this for you?*
34 *¿Puedo* enviarle ésto?

35 *Where* can *I send this for you?*
35 ¿Dónde *puedo* enviarle ésto?

36 Can *you get it for me?*
36 *¿Puede* usted conseguírmelo?

37 *Where* can *I get it for you?*
37 ¿Dónde *puedo* conseguírselo?

38 Can *you show me another kind?*
38 *¿Puede* usted mostrarme otra clase?

39 Can *you come tomorrow?*
39 *¿Puede* usted venir mañana?

40 *At what time* can *you come tomorrow?*
40 ¿A qué hora *puede* usted venir mañana?

EMPLEO DE *COULD* PARA EXPRESAR *HABILIDAD* EN TIEMPO PASADO

USE OF *PUDE, PUDO, PUDIMOS,* ETC. TO EXPRESS *ABILITY* IN PAST TENSE

Obsérvese que después de *COULD*, la partícula "to" del infinitivo se suprime. Note asimismo que en he, she, it, la forma verbal no lleva *S*.

Notice the verbs ended with *ar, er,* and *ir* (habl*ar*, lee*r*, escrib*ir*) after *PUDE, PUDO,* etc.

Afirmativo		
I *COULD* speak	yesterday
You *COULD* walk	yesterday
He *COULD* read	yesterday
She *COULD* write	yesterday
It *COULD* rain	yesterday
We *COULD* swim	yesterday
You *COULD* run	yesterday
They *COULD* dance	yesterday
They *were*	dancing yesterday

Affirmative		
Yo *pude*	habl*ar*	ayer
Usted *pudo*	camin*ar*	ayer
Él *pudo*	lee*r*	ayer
Ella *pudo*	escrib*ir*	ayer
(neuter) *pudo*	llov*er*	ayer
Nosotros *pudimos*	nad*ar*	ayer
Ustedes *pudieron*	corr*er*	ayer
Ellos(as) *pudieron*	bail*ar*	ayer
Ellos(as) *estuvieron*	bailando	ayer

Interrogativo		
COULD I speak	yesterday?
COULD you walk	yesterday?
COULD he read	yesterday?
COULD she write	yesterday?
COULD it rain	yesterday?
COULD we swim	yesterday?
COULD you run	yesterday?
COULD they dance	yesterday?
Were they dancing	yesterday?

Negativo		
I *could*n't speak	yesterday
You *could*n't walk	yesterday
He *could*n't read	yesterday
She *could*n't write	yesterday
It *could*n't rain	yesterday
We *could*n't swim	yesterday
You *could*n't run	yesterday
They *could*n't dance	yesterday
They *weren*'t dancing	yesterday

EJERCICIOS

Practique las formas afirmativa, interrogativa y negativa, sustituyendo en cada persona el verbo en infinitivo aquí empleado por: *talk, hear, jump, play, sing, work, rest, stand up* y *sit down*.

DRILLS

Practice these forms by substituting in each pronoun the verbs used here for: *platicar, oir, saltar, jugar, cantar, trabajar, descansar, poner(se) de pie* and *sentar(se)*. Use other verbs also.

EMPLEO DE COULD PARA EXPRESAR HABILIDAD POTENCIAL

USE OF PODRÍA, PODRÍAS, PODRÍAMOS, PODRÍAN TO EXPRESS POTENCIAL ABILITY

Observe en estas tres gráficas cómo *COULD no* denota una acción pasada, sino una acción potencial: *podría*. Asimismo este auxiliar *(could)* empleado en el subjuntivo significa en español *pudiera* o *pudiese*. Resumiendo: COULD: = *pudo, podría, pudiera* o *pudiese*.

Observe the endings *ÍA, ÍAS, ÍAMOS, ÍAN* before the infinitives *hablar, caminar, leer,* etc.

Afirmativo			Affirmative		
I COULD *speak* tomorrow			Yo PODRÍA	hablar	mañana
You COULD *walk* now			Tú PODRÍAS	caminar	ahora
He COULD *read* soon			Él PODRÍA	leer	pronto
She COULD *write* later			Ella PODRÍA	escribir	más tarde
It COULD *rain* now			(neuter) PODRÍA	llover	ahora
We COULD *swim* later			Nosotros PODRÍAMOS	nadar	más tarde
You COULD *run* tomorrow			Ustedes PODRÍAN	correr	mañana
They COULD *dance* tonight			Ellos PODRÍAN	bailar	esta noche

Interrogativo			Negativo		
COULD	I	*speak* tomorrow?	I COULDN'T *speak* tomorrow		
COULD	you	*walk* now?	You COULDN'T *walk* now		
COULD	he	*read* soon?	He COULDN'T *read* soon		
COULD	she	*write* later?	She COULDN'T *write* later		
COULD	it	*rain* now?	It COULDN'T *rain* now		
COULD	we	*swim* later?	We COULDN'T *swim* later		
COULD	you	*run* tomorrow?	You COULDN'T *run* tomorrow		
COULD	they	*dance* tonight?	They COULDN'T *dance* tonight		

NOTA: Distíngase el diferente significado entre:
I *could*n't speak tomorrow (Yo no podría hablar mañana). Oración que expresa cierta *convicción*.
y
I *might* not speak tomorrow (Yo podría *no* hablar mañana). Oración que indica *duda, incertidumbre*.

EJERCICIOS

Practique las formas afirmativa, interrogativa y negativa, sustituyendo en cada persona el verbo aquí empleado por: *talk, hear, jump, play, sing, work, rest, stand up* y *sit down*.

EMPLEO DE MUST PARA EXPRESAR OBLIGACIÓN MORAL O NECESIDAD

USE OF DEBO, DEBE, DEBEMOS, DEBEN TO EXPRESS MORAL DUTY OR NECESSITY

Obsérvese que después de MUST, la partícula "to" del infinitivo se suprime. Note asimismo que en he, she, it, la forma verbal no lleva S.

Observe the ar, er and ir infinitives (hablar, leer, escribir) after DEBO, DEBE, DEBEMOS, DEBEN.

Afirmativo			Affirmative		
I MUST	speak		Yo DEBO	hablar	
You MUST	walk		Usted DEBE	caminar	
He MUST	read		Él DEBE	leer	
She MUST	write		Ella DEBE	escribir	
It MUST	rain		(neuter) DEBE	llover	
We MUST	swim		Nosotros DEBEMOS	nadar	
You MUST	run		Ustedes DEBEN	correr	
They MUST	dance		Ellos(as) DEBEN	bailar	
They like	to dance		A ellos(as) les gusta bailar		

Interrogativo			Negativo		
MUST I	speak?		I MUST not speak		
MUST you	walk?		You MUST not walk		
MUST he	read?		He MUST not read		
MUST she	write?		She MUST not write		
MUST it	rain?		It MUST not rain		
MUST we	swim?		We MUST not swim		
MUST you	run?		You MUST not run		
MUST they	dance?		They MUST not dance		
Do they like	to dance?		They don't like to dance		

EJERCICIOS

Practique las formas afirmativa, interrogativa y negativa, sustituyendo en cada persona el verbo en infinitivo aquí empleado por: *talk, hear, jump, play, sing, work, rest, stand up* y *sit down.*

DRILLS

Practice these forms by substituting in each pronoun the verbs used here for: *platicar, oir, saltar, jugar, cantar, trabajar, descansar, poner*(se) *de pie* and *sentar*(se).

PATRÓN PARA CONSTRUIR EL TIEMPO *FUTURO*
PATTERN TO BUILD THE *FUTURE* TENSE

Observe cómo las desinencias *aré, arás, aremos, arán* correspondientes al futuro simple, equivalen en inglés al auxiliar *WILL*.

Observe how *WILL* is equivalent in Spanish to the endings *ARÉ, ARÁS, ARÁ, AREMOS, ARÁN*.

Afirmativo	
I *WILL*	speak
You *WILL*	walk
He *WILL*	read
She *WILL*	write
It *WILL*	rain
We *WILL*	swim
You *WILL*	run
They *WILL*	dance
They *can*	dance

Affirmative	
Yo	habl*ARÉ*
Tú	camin*ARÁS*
Él	le*ERÁ*
Ella	escrib*IRÁ*
(neuter)	llov*ERÁ*
Nosotros	nad*AREMOS*
Ustedes	corr*ERÁN*
Ellos(as)	bail*ARÁN*
Ellos(as) *pueden*	bailar

Interrogativo	
WILL I	speak?
WILL you	walk?
WILL he	read?
WILL she	write?
WILL it	rain?
WILL we	swim?
WILL you	run?
WILL they	dance?
Can they	dance?

Negativo	
I *WO*n't	speak
You *WO*n't	walk
He *WO*n't	read
She *WO*n't	write
It *WO*n't	rain
We *WO*n't	swim
You *WO*n't	run
They *WO*n't	dance
They *can't*	dance

NOTA: *WO*n't es la forma contraída de *will not*.

EJERCICIOS

Practique las formas afirmativa, interrogativa y negativa, sustituyendo en cada persona el verbo aquí empleado, por: *talk, hear, jump, play, sing, work, rest, stand up, sit down.*

CONJUGATION IN FUTURE TENSE OF REGULAR VERBS

Spanish regular verbs can be conjugated in future tense in three different ways too. It all depends on the endings of their infinitives: *AR, ER, IR* (hablar, comer, escribir).

The Spanish inflections corresponding to the *future tense* are equivalent in English to the auxiliary *WILL*.

FIRST CONJUGATION: *AR*

The future tense is formed by suppressing the ending *AR* from the infinitive (hablar) and adding to the radical (habl–) the inflections *aré, ará, aremos, arán.*

habl
- *aré* (I)
- *ará* (you, he, she, it)
- *aremos* (we)
- *arán* (you, they)

SECOND CONJUGATION: *ER*

The future tense is formed by suppressing the ending *AR* from the infinitive (comer) and adding to the radical (com–) the inflections *eré, erá, eremos, erán.*

com
- *eré* (I)
- *erá* (you, he, she, it)
- *eremos* (we)
- *erán* (you, they)

THIRD CONJUGATION: *IR*

The future tense is formed by suppressing the ending *IR* from the infinitive (escribir) and adding to the radical (escrib–) the inflections *iré, irá, iremos, irán.*

escrib
- *iré* (I)
- *irá* (you, he, she, it)
- *iremos* (we)
- *irán* (you, they)

53

OTHER EXAMPLES WITH THE THREE CONJUGATIONS IN FUTURE TENSE

1 Necesit*AR* (to need) : necesit*(aré) (ará) (aremos) (arán)*
2 Barr*ER* (to sweep) : barr*(eré) (erá) (eremos) (erán)*
3 Reun*IR* (to gather): reun*(iré) (irá) (iremos) (irán)*

ORAL DRILLS

Conjugate orally the following verbs in future tense:

1 Compr*ar* (to buy)

2 beb*er* (to drink)

3 bat*ir* (to beat)

4 env*iar* (to send)

5 vend*er* (to sell)

6 manej*ar* (to drive)

7 sacud*ir* (to shake, to dust)

8 necesit*ar* (to need)

9 part*ir* (to cut, to depart)

10 pag*ar* (to pay)

11 romp*er* (to break)

12 nad*ar* (to swim)

13 exprim*ir* (to squeeze)

14 trabaj*ar* (to work)

15 camin*ar* (to walk)

16 barr*er* (to sweep)

17 sufr*ir* (to suffer)

18 met*er* (to put into)

19 comprend*er* (to understand)

20 sub*ir* (to go up)

21 aprend*er* (to learn)

22 viaj*ar* (to travel)

23 reun*ir* (to gather)

24 v*er* (to see)

25 escond*er* (to hide)

26 permit*ir* (to permit, to let)

27 cubr*ir* (to cover)

28 baj*ar* (to go down)

29 cobr*ar* (to charge, to collect)

30 discut*ir* (to argue)

31 le*er* (to read)

EMPLEO DE WOULD PARA EXPRESAR ORACIONES CONDICIONALES

ENDINGS: *ARÍA, ARÍAS, ARÍAMOS, ARÍAN; ERÍA, ERÍAMOS, ERÍAN* AND *IRÍA, IRÍAS, IRÍAMOS, IRÍAN* EQUIVALENT TO *WOULD.*

Observe cómo las desinencias *aría, arías, aríamos, arían,* etc., correspondientes al potencial simple, equivalen en inglés al auxiliar *WOULD.*

Observe how *WOULD* is equivalent in Spanish to the endings *ARÍA, ARÍAS, ARÍAMOS, ARÍAN,* etc.

Afirmativo		
I *WOULD*	speak
You *WOULD*	walk
He *WOULD*	read
She *WOULD*	write
It *WOULD*	rain
We *WOULD*	swim
You *WOULD*	run
They *WOULD*	dance
They *will*	dance

Affirmative	
Yo	habl*ARÍA*
Tú	camin*ARÍAS*
Él	le*ERÍA*
Ella	escrib*IRÍA*
(neuter)	llov*ERÍA*
Nosotros	nad*ARÍAMOS*
Ustedes	corr*ERÍAN*
Ellos(as)	bail*ARÍAN*
Ellos(as)	bail*arán*

Interrogativo		
WOULD I	speak?
WOULD you	walk?
WOULD he	read?
WOULD she	write?
WOULD it	rain?
WOULD we	swim?
WOULD you	run?
WOULD they	dance?
Will	they	dance?

Negativo		
I *WOULD*n't	speak
You *WOULD*n't	walk
He *WOULD*n't	read
She *WOULD*n't	write
It *WOULD*n't	rain
We *WOULD*n't	swim
You *WOULD*n't	run
They *WOULD*n't	dance
They	*won't*	dance

NOTA: *WOULD*n't es la forma contraída de *would not.*

EJERCICIOS

Practique las formas afirmativa, interrogativa y negativa, sustituyendo en cada persona el verbo aquí empleado, por: *talk, hear, jump, play, sing, work, rest, stand up* y *sit down.*

CONJUGATION IN FUTURE IN THE PAST (Conditional)
OF REGULAR VERBS

The Spanish inflections corresponding to the *future in the past* (conditional) are equivalent in English to the auxiliary *WOULD*. Such inflections vary according to their infinitive endings: *AR, ER, IR* (habl*ar*, com*er*, escrib*ir*). Examples:

$$\text{Él habl}ARÍA = \text{He } WOULD \text{ speak}$$
$$\text{Él com}ERÍA = \text{He } WOULD \text{ eat}$$
$$\text{Él escrib}IRÍA = \text{He } WOULD \text{ write}$$

FIRST CONJUGATION: *AR*

The conditional (future in the past) is formed by suppressing the ending *AR* from the infinitive (habl*ar*) and adding to the radical (habl–) the inflections *aría, arías, aríamos,*

$$\text{habl} \begin{cases} aría & \text{(I)} \\ aría & \text{(you, he, she, it)} \\ aríamos & \text{(we)} \\ arían & \text{(you, they)} \end{cases}$$

SECOND CONJUGATION: *ER*

This tense is formed by suppressing the ending *ER* from the infinitive (com*er*) and adding to the radical (com–) the inflections *ería, ería, eríamos, erían.*

$$\text{com} \begin{cases} ería & \text{(I)} \\ ería & \text{(you, she, he, it)} \\ eríamos & \text{(we)} \\ erían & \text{(you, they)} \end{cases}$$

THIRD CONJUGATION: *IR*

This tense is formed by suppressing the ending *IR* from the infinitive (escrib*ir*) and adding to the radical (escrib–) the inflections *iría, iría, iríamos, irían.*

$$\text{escrib} \begin{cases} iría & \text{(I)} \\ iría & \text{(you, he, she, it)} \\ iríamos & \text{(we)} \\ irían & \text{(you, they)} \end{cases}$$

OTHER EXAMPLES WITH THE THREE CONJUGATIONS
IN CONDITIONAL (Future in the Past)

1   Pag*AR* (to pay): pag*(aría)*, *(aría)*, *(aríamos)*, *(arían)*

2   Vend*ER* (to sell) : vend*(ería)*, *(ería)*, *(eríamos)*, *(erían)*

3   Permit*IR* (to let) : permit*(iría)*, *(iría)*, *(iríamos)*, *(irían)*

Notice how the same inflections *(aría, ería, iría)* are used with I, you, he, she, it, in each one of its corresponding conjugations:

Yo pag*aría* =   I *would* pay
Usted pag*aría* = you *would* pay (singular)
Él pag*aría* =   he *would* pay

Yo vend*ería* =   I *would* sell
Usted vend*ería* = you *would* sell (singular)
Él vend*ería* =   he *would* sell

Yo permit*iría* =   I *would* let
Usted permit*iría* = you *would* let (singular)
Él permit*iría* =   he *would* let

ORAL DRILLS

Conjugate orally fellowing verbs in the future in the past:

1 Compr*ar* (to buy)
2 beb*er* (to drink)
3 bat*ir* (to beat)
4 envi*ar* (to send)
5 v*er* (to see)
6 manej*ar* (to drive)
7 sacud*ir* (to shake, to dust)
8 necesit*ar* (to need)
9 part*ir* (to cut, to depart)
10 romp*er* (to break)
11 nad*ar* (to swim)
12 trabaj*ar* (to work)
13 discut*ir* (to argue)
14 cobr*ar* (to charge, to collect)
15 corr*er* (to run)
16 barr*er* (to sweep)
17 sufr*ir* (to suffer)
18 met*er* (to put into)
19 comprend*er* (to understand)
20 sub*ir* (to go up)
21 aprend*er* (to learn)
22 viaj*ar* (to travel)
23 reun*ir* (to gather)
24 exprim*ir* (to squeeze)
25 escond*er* (to hide)
26 cubr*ir* (to cover)
27 baj*ar* (to go down)
28 camin*ar* (to walk)
29 le*er* (to read)
30 recib*ir* (to receive)

EMPLEO DE *MAY* PARA EXPRESAR *PERMISO* Y *POSIBILIDAD* EN PRESENTE

USE OF *¿PUEDO?* AND *POSIBLEMENTE* TO EXPRESS *PERMISSION* AND *POSSIBILITY* IN PRESENT

Note que en la forma interrogativa solamente se emplea *MAY* al preguntar si a uno se le permite realizar una acción determinada, mas no al inquirir si uno es capaz de realizarla. En este último caso, empléase *CAN* que denota *habilidad*.

Interrogativo			Interrogative		
MAY	I	speak?	*¿PUEDO*		hablar?
MAY	you	walk?	*¿PUEDE*	usted	caminar?
MAY	he	read?	*¿PUEDE*	él	leer?
MAY	she	write?	*¿PUEDE*	ella	escribir?
MAY	we	swim?	*¿PODEMOS*		nadar?
MAY	you	run?	*¿PUEDEN*	ustedes	correr?
MAY	they	dance?	*¿PUEDEN*	ellos(as)	bailar?
Will	they	dance?	¿Podrán	ellos(as)	bailar?

Advierta aquí que *MAY* seguido de la partícula NOT expresa una posibilidad negativa.

Notice the endings *e, a, emos, an, en* after *POSIBLEMENTE*.

Negativo			Negative		
I *MAY not* speak			*POSIBLEMENTE* yo	.no[1]	habl*e*
You *MAY not* walk			*POSIBLEMENTE* usted	no	camin*e*
He *MAY not* read			*POSIBLEMENTE* él	no	le*a*
She *MAY not* write			*POSIBLEMENTE* ella	no	escrib*a*
It *MAY not* rain			*POSIBLEMENTE* (neuter)	no	lluev*a*
We *MAY not* swim			*POSIBLEMENTE* nosotros	no	nad*emos*
You *MAY not* run			*POSIBLEMENTE* ustedes	no	corr*an*
They *MAY not* dance			*POSIBLEMENTE* ellos(as)	no	bail*en*
They *will* not dance			Ellos(as) no bailarán		

[1] In the affirmative the word *NO* is suppressed, example: *POSIBLEMENTE* yo habl*e* (I may speak)

EJERCICIOS

Tanto en las formas afirmativa, interrogativa y negativa, sustitúyase el auxiliar *MAY* por *CAN* y distíngase la variación en significado cuando se cambia el uno por el otro, ejemplos:

I can speak == I am able to speak   (Yo soy capaz de hablar)

I may speak == It is possible that I speak (Es posible que yo hable)

EMPLEO DE *MIGHT* PARA EXPRESAR LIGERA POSIBILIDAD EN EL FUTURO

USE OF *PODRÍA, PODRÍAMOS, PODRÍAN* TO EXPRESS SLIGHT *POSSIBILITY* IN THE FUTURE

Obsérvese que después de *MIGHT,* la partícula "to" del infinitivo se suprime. Note asimismo que en he, she, it, la forma verbal no lleva *S*.

En esta gráfica *might* expresa una ligera posibilidad en el futuro.

Observe the *ar, er* and *ir* infinitives (habl*ar,* le*er,* escrib*ir*) after *PODRÍA, PODRÍAS, PODRÍAMOS, PODRÍAN.*

Afirmativo
I *MIGHT* speak some day
You *MIGHT* walk some day
He *MIGHT* read some day
She *MIGHT* write some day
It *MIGHT* rain some day
We *MIGHT* swim some day
You *MIGHT* run some day
They *MIGHT* dance some day
They *may* dance tonight

Affirmative		
Yo *PODRÍA*	habl*ar*	algún día
Tú *PODRÍAS*	camin*ar*	algún día
Él *PODRÍA*	le*er*	algún día
Ella *PODRÍA*	escrib*ir*	algún día
(neuter) *PODRÍA*	llov*er*	algún día
Nosotros *PODRÍAMOS*	nad*ar*	algún día
Ustedes *PODRÍAN*	corr*er*	algún día
Ellos(as) *PODRÍAN*	bail*ar*	algún día
Posiblemente ellos bailen esta noche		

Negativo
I *MIGHT not* speak any more
You *MIGHT not* walk any more
He *MIGHT not* read any more
She *MIGHT not* write any more
It *MIGHT not* rain any more
We *MIGHT not* swim any more
You *MIGHT not* run any more
They *MIGHT not* dance any more
They *may* not dance tonight

Negative	
Yo *PODRÍA*	ya *no* habl*ar*
Tú *PODRÍAS*	ya *no* camin*ar*
Él *PODRÍA*	ya *no* le*er*
Ella *PODRÍA*	ya *no* escrib*ir*
(neuter) *PODRÍA*	ya *no* llov*er*
Nosotros *PODRÍAMOS*	ya *no* nad*ar*
Ustedes *PODRÍAN*	ya *no* corr*er*
Ellos *PODRÍAN*	ya *no* bail*ar*
Posiblemente ellos *no* bailen esta noche	

NOTA: Por lo general no se emplea *MIGHT* en la forma interrogativa, en su lugar se utiliza preferentemente *COULD: Could* you come tomorrow? (¿Podría usted venir mañana?)

EJERCICIOS

Practique las formas afirmativa, interrogativa y negativa, sustituyendo en cada persona el verbo aquí empleado, por: *talk, hear, play, sing, work, rest, stand up* y *sit down.*

PATRÓN DE CONSTRUCCIÓN DEL TIEMPO PRETÉRITO
STRUCTURE PATTERN FOR THE PAST TENSE

Observe los verbos en tiempo pretérito *(spoke, walked, etc.)* *únicamente* en el *afirmativo*. Adviértase también el empleo de *DID* y *DIDN'T* en *interrogativo* y *negativo* respectivamente, así como los verbos en su forma simple *(speak, walk,* etc.). *DIDN'T* es la forma contraída de *DID* NOT.

Observe the endings *É, Ó, YÓ, IÓ, AMOS, IERON, ARON,* which are the inflections for the past tense. See also the next page.

Afirmativo		Affirmative	
I	SPOKE	Yo	hablÉ
You	WALKED	Usted	caminÓ
He	READ	Él	leYÓ[1]
She	WROTE	Ella	escribIÓ
It	RAINED	(neuter)	llovIÓ
We	SWAM	Nosotros	nadAMOS
You	RAN	Ustedes	corrIERON
They	DANCED	Ellos(as)	bailARON
They	dance	Ellos(as)	bailan

Interrogativo		Negativo		
DID I	speak?	I DIDN'T	speak
DID you	walk?	You DIDN'T	walk
DID he	read?	He DIDN'T	read
DID she	write?	She DIDN'T	write
DID it	rain?	It DIDN'T	rain
DID we	swim?	We DIDN'T	swim
DID you	run?	You DIDN'T	run
DID they	dance?	They DIDN'T	dance
Do they	dance?	They DIDN'T	dance

[1] In LeYÓ the *i* changes for *y*.

EJERCICIOS

Practique las formas afirmativa, interrogativa y negativa, sustituyendo en cada persona el verbo aquí empleado, por *talked, heard, jumped, played, sang, worked, rested, stood up* y *sat down.*

CONJUGATION IN PAST TENSE OF REGULAR VERBS

Spanish regular verbs can *also* be conjugated in past tense in three different ways. It all depends on the endings of their infinitives: *AR, ER, IR* (habl*ar*, com*er*, escrib*ir*).

FIRST CONJUGATION: *AR*

The past tense is formed by suppressing the ending *ar* from the infinitive (habl*ar*) and adding to the radical (habl–) the inflections *é, ó, amos, aron*.

$$
\text{habl}
\begin{cases}
é & \text{(I)} \\
ó & \text{(you, he, she, it)} \\
amos^1 & \text{(we)} \\
aron & \text{(you, they)}
\end{cases}
$$

[1] Notice that the inflection *amos* used in the present tense for the pronoun *we*, is also used in the past: habl*amos* = we spoke.

SECOND CONJUGATION: *ER*

The past tense is formed by suppressing the ending *er* from the infinitive (com*er*) and adding to the radical (com–) the inflections *í, ió, imos, ieron*.

$$
\text{com}
\begin{cases}
í & \text{(I)} \\
ió & \text{(you, he, she, it)} \\
imos & \text{(we)} \\
ieron & \text{(you, they)}
\end{cases}
$$

THIRD CONJUGATION: *IR*

The past tense is formed by suppressing the ending *ir* from the infinitive (escrib*ir*) and adding to the radical (escrib–) the inflections *í, ió, imos, ieron*.

$$
\text{escrib}
\begin{cases}
í & \text{(I)} \\
ió & \text{(you, he, she, it)} \\
imos & \text{(we)} \\
ieron & \text{(you, they)}
\end{cases}
$$

OTHER EXAMPLES WITH THE THREE CONJUGATIONS IN PAST TENSE

1 Envi*AR* (to send) : envi*(é), (ó), (amos), (aron)*

2 VER[1] (to see) : v*(i), (ió), (imos), (ieron)*

3 Sub*IR*[1] (to go up): sub*(i), (ió), (imos), (ieron)*

[1] Notice that the second and third conjugations in past tense have the same inflections: *i, ió, imos, ieron.*

ORAL DRILLS

Conjugate orally the following verbs in past tense.

1 Compr*ar* (to buy)

2 beb*er* (to drink)

3 bat*ir* (to beat)

4 envi*ar* (to send)

5 vend*er* (to sell)

6 manej*ar* (to drive)

7 sacud*ir* (to shake, to dust)

8 necesit*ar* (to need)

9 part*ir* (to cut, to depart)

10 pag*ar* (to pay)

11 permit*ir* (to permit, to let)

12 nad*ar* (to swim)

13 exprim*ir* (to squeeze)

14 trabaj*ar* (to work)

15 camin*ar* (to walk)

16 barr*er* (to sweep)

17 sufr*ir* (to suffer)

18 met*er* (to put into)

19 comprend*er* (to understand)

20 sub*ir* (to go up)

21 aprend*er* (to learn)

22 viaj*ar* (to travel)

23 reun*ir* (to gather)

24 v*er* (to see)

25 escond*er* (to hide)

26 romp*er* (to break)

27 cubr*ir* (to cover)

28 baj*ar* (to go down)

29 cobr*ar* (to charge, to collect)

30 discut*ir* (to argue)

31 le*er*[1] (to read)

[1] The verb le*er* (to read) when used in the past tense with the second persons (you) and the third person plural (they), changes the *i* for *y*. Examples:

Usted le*yó* = You read (singular past)

Ustedes le*yeron* = You read (plural past)

Ellos le*yeron* = They read (past)

The other persons follow the usual pattern for *ER* verbs.

USED TO: FORMA EQUIVALENTE AL PRETÉRITO IMPERFECTO

SPANISH VERB FORM WHOSE EQUIVALENT IN ENGLISH IS USED TO

Observe la forma *USED TO* que corresponde en castellano al Pretérito Imperfecto, significando además *solía* o *acostumbraba*. Dicha forma expresa hábito en el Pasado.

Notice how the endings *ABA, ABAMOS, ABAN, ÍA, ÍAMOS, ÍAN* are equivalent to the form *used to.*

Afirmativo			Affirmative		
I USED	TO speak		Yo	hablABA	
You USED	TO walk		Usted	caminABA	
He USED	TO write		Él	leÍA	
She USED	TO read		Ella	escribÍA	
It USED	TO rain		(neutro)	llovÍA	
We USED	TO swim		Nosotros	nadÁBAMOS	
You USED	TO run		Ustedes	corrÍAN	
They USED	TO dance		Ellos	bailABAN	

Interrogativo			Negativo		
Did I	USE TO speak?		I didn't	USE TO speak	
Did you	USE TO walk?		You didn't	USE TO walk	
Did he	USE TO read?		He didn't	USE TO read	
Did she	USE TO write?		She didn't	USE TO write	
Did it	USE TO rain?		It didn't	USE TO rain	
Did we	USE TO swim?		We didn't	USE TO swim	
Did you	USE TO run?		You didn't	USE TO run	
Did they	USE TO dance?		They didn't	USE TO dance	

EJERCICIOS

Practique las formas afirmativa, interrogativa y negativa, sustituyendo en cada persona el verbo aquí empleado por: *talk, hear, jump, play, sing, work, rest, stand up* y *sit down.*

CONJUGATION OF THE IMPERFECT (HISTORICAL PAST) OF SPANISH VERBS

The Spanish inflections corresponding to the *Imperfect* (historical past) are equivalent in English to the form *USED TO.* Such inflections vary according to their infinitive endings: *AR, ER, IR* (habl*ar*, com*er*, escrib*ir*). Examples:

> Él habl*ABA* = He *USED TO* speak
>
> Él com*íA* = He *USED TO* eat
>
> Él escrib*íA* = He *USED TO* write

Both the *ER* and *IR* infinitives have the same inflections. The *AR* infinitives have different endings.

FIRST CONJUGATION: *AR*

The first conjugation of the Imperfect (Historical Past) is formed by suppressing the ending *AR* from the infinitive (habl*ar*) and adding to the radical (habl–) the inflections *aba, aba, ábamos, aban.*

habl
- *aba* (I)
- *aba* (you, he, she, it)
- *ábamos* (we)
- *aban* (you, they)

SECOND CONJUGATION: *ER*

This conjugation is formed by suppressing the ending *ER* from the infinitive (com*er*) and adding the radical (com–) the inflections *ía, ía, íamos, ían.*

com
- *ía* (I)
- *ía* (you, he, she, it)
- *íamos* (we)
- *ían* (you, they)

THIRD CONJUGATION: *IR*

This conjugation is formed by suppressing the ending *IR* from the infinitive (escrib*ir*) and adding to the radical (escrib—) the inflections *ia, ia, iamos, ian*.

escrib
$\begin{cases}
ia & \text{(I)} \\
ia & \text{(you, he, she, it)} \\
iamos & \text{(we)} \\
ian & \text{(you, they)}
\end{cases}$

OTHER EXAMPLES WITH THE THREE CONJUGATIONS IN THE *IMPERFECT* (HISTORICAL PAST)

1   Pag*AR* (to pay): pag*(aba), (aba), (ábamos), (aban)*
2   Vend*ER* (to sell): vend*(ia), (ia), (íamos), (ían)*
3   Permit*IR* (to let) : permit*(ia), (ia), (íamos), (ían)*

Notice how the same inflections *(aba, ia, ia)* are used with I, you, he, she, it, in each one of its corresponding conjugation:

Yo pag*aba* =   I *used to* pay
Usted pag*aba* = you *used to* pay (singular)
Él pag*aba* =   he *used to* pay

Yo vend*ía* =   I *used to* sell
Usted vend*ía* = you *used to* sell (singular)
Él vend*ía* =   he *used to* sell

Yo permit*ía.* =   I *used to* let
Usted permit*ía* = you *used to* let (singular)
Él permit*ía* =   he *used to* let

ORAL DRILLS

Conjugate orally the following verbs in the *Imperfect*.

1 Compr*ar* (to buy)
2 beb*er* (to drink)
3 bat*ir* (to beat)
4 envi*ar* (to send)
5 v*er* (to see)
6 manej*ar* (to drive)
7 sacud*ir* (to shake, to dust)
8 necesit*ar* (to need)
9 part*ir* (to cut, to depart)
10 romp*er* (to break)
11 nad*ar* (to swim)
12 trabaj*ar* (to work)
13 discut*ir* (to argue)
14 cobr*ar* (to charge, to collect)
15 corr*er* (to run)
16 barr*er* (to sweep)
17 sufr*ir* (to suffer)
18 met*er* (to put into)
19 comprend*er* (to understand)
20 sub*ir* (to go up)
21 aprend*er* (to learn)
22 viaj*ar* (to travel)
23 reun*ir* (to gather)
24 exprim*ir* (to squeeze)
25 escond*er* (to hide)
26 cubr*ir* (to cover)
27 baj*ar* (to go down)
28 camin*ar* (to walk)
29 le*er* (to read)
30 recib*ir* (to receive)

EMPLEO DE *HAVE* Y *HAS* PARA LA CONSTRUCCIÓN DEL *ANTEPRESENTE*

USE OF *HE, HA, HEMOS, HAN* TO BUILD THE *PRESENT PERFECT*

Observe el verbo en Participio Pasado (spoken) después de los auxiliares *have* y *has*.

Note, asimismo, las contracciones negativas *HAVEN'T (have not)* y *HASN'T (has not)*.

Observe the endings *ADO, IDO, ITO*, after the use of *HE, HA, HEMOS, HAN*.

Afirmativo		Affirmative	
I *HAVE*	spoken	Yo *HE*	habl*ADO*
You *HAVE*	walked	Usted *HA*	camin*ADO*
He *HAS*	read	Él *HA*	le*IDO*
She *HAS*	written	Ella *HA*	escr*ITO*
It *HAS*	rained	(neuter) *HA*	llov*IDO*
We *HAVE*	swum	Nosotros *HEMOS*	nad*ADO*
You *HAVE*	run	Ustedes *HAN*	corr*IDO*
They *HAVE*	danced	Ellos(as) *HAN*	bail*ADO*

Interrogativo		Negativo	
HAVE I	spoken?	I *HAVE*N'T	spoken
HAVE you	walked?	You *HAVE*N'T	walked
HAS he	read?	He *HAS*N'T	read
HAS she	written?	She *HAS*N'T	written
HAS it	rained?	It *HAS*N'T	rained
HAVE we	swum?	We *HAVE*N'T	swum
HAVE you	run?	You *HAVE*N'T	run
HAVE they	danced?	They *HAVE*N'T	danced

NOTE: *ADO* and *IDO* are the regular endings of the Spanish Past Participles. Other irregular endings are: *TO, CHO, SO*. Examples: escri*to* (written), ro*to* (broken), vis*to* (seen), pues*to* (put, laid), vuel*to* (returned, become), devuel*to* (sent back), abier*to* (opened), di*cho* (said), he*cho* (done, made); impre*so* (printed) reimpre*so* (reprinted), etc.

EJERCICIOS

Practique las formas afirmativa, interrogativa y negativa, sustituyendo en cada persona el participio aquí empleado, por: *talked, heard, jumped, played, sung, worked, rested, stood up* y *sat down.*

VERBOS IRREGULARES EN INGLÉS

Observe los diferentes grupos verbales mnemotécnicamente clasificados.

CLASE 1.—Con idénticas formas en el pasado y participio pasado.

INFINITIVE	PAST (third person singular)	PAST PARTICIPLE
INFINITIVO	PASADO	PARTICIPIO PASADO
To buy comprar	bought compró	bought comprado
to bring traer	brought trajo	brought traído
to think pensar	thought pensó	thought pensado
to seek buscar	sought buscó	sought buscado
to fight pelear	fought peleó	fought peleado
to catch coger	caught cogió	caught cogido
to teach enseñar	taught enseñó	taught enseñado
to sleep dormir	slept durmió	slept dormido
to keep guardar	kept guardó	kept guardado
to sweep barrer	swept barrió	swept barrido
to feel sentir	felt sintió	felt sentido
to leave dejar salir	left dejó, salió	left dejado, salido
to meet encontrar, conocer	met encontró, conoció	met encontrado, conocido

INFINITIVE	PAST (third person singular)	PAST PARTICIPLE
INFINITIVO	PASADO	PARTICIPIO PASADO
to swing mecer	swung meció	swung mecido
to stick clavar, pegar	stuck clavó, pegó	stuck clavado, pegado
to strike golpear	struck golpeó	struck golpeado
to hang colgar	hung colgó	hung colgado
to spend gastar	spent gastó	spent gastado
to send enviar, mandar	sent envió, mandó	sent enviado, mandado
to build construir	built construyó	built construido
to bend doblar, encorvar	bent dobló, encorvó	bent doblado, encorvado
to lend prestar	lent prestó	lent prestado
to bleed sangrar	bled sangró	bled sangrado
to feed alimentar	fed alimentó	fed alimentado
to speed acelerar	sped aceleró	sped acelerado
to lead conducir, dirigir	led condujo, dirigió	led conducido, dirigido
to find encontrar	found encontró	found encontrado
to bind unir, atar	bound unió, ató	bound unido, atado

INFINITIVE	PAST (third person singular)	PAST PARTICIPLE
INFINITIVO	PASADO	PARTICIPIO PASADO
to grind moler	ground molió	ground molido
To deal tratar	dealt trató	dealt tratado
to lean apoyar, recostar	leant apoyó, recostó	leant apoyado, recostado
to mean significar	meant significó	meant significado
to dwell habitar	dwelt habitó	dwelt habitado
to sit sentarse	sat se sentó	sat sentado
to spit escupir	spat escupió	spat escupido
to have haber, tener	had hubo, tuvo	had habido, tenido
to make hacer, manufacturar	made hizo, manufacturó	made hecho, manufacturado
to bite morder, picar	bit mordió, picó	bit (or bitten) mordido, picado
to slide deslizar, resbalar	slid deslizó, resbaló	slid (or slidden) deslizado, resbalado
to hide esconder(se)	hid (se) escondió	hid (or hidden) escondido
to light encender	lit encendió	lit encendido
to say decir	said dijo	said dicho

INFINITIVE	PAST (third person singular)	PAST PARTICIPLE
INFINITIVO	PASADO	PARTICIPIO PASADO
to pay pagar	paid pagó	paid pagado
to lay colocar	laid colocó	laid colocado
To win ganar, vencer	won ganó, venció	won ganado, vencido
to shine brillar, lucir	shone brilló, lució	shone brillado, lucido
to wake despertar	woke despertó	woke despertado
to tell decir, contar	told dijo, contó	told dicho, contado
to sell vender	sold vendió	sold vendido
to stand quedarse, estarse	stood se quedó, se estuvo	stood quedado, estado
to understand entender	understood entendió	understood entendido
to read leer	read leyó	read leído
to hear oir	heard oyó	heard oído
to hold sostener	held sostuvo	held sostenido
to withhold retener	withheld retuvo	withheld retenido
to lose perder	lost perdió	lost perdido
to shoot disparar	shot disparó	shot disparado

CLASE 2.—Con formas diferentes en el infinitivo, pasado y participio pasado.

INFINITIVE	PAST (third person singular)	PAST PARTICIPLE
INFINITIVO	PASADO	PARTICIPIO PASADO
To speak	spoke	spoken
hablar	habló	hablado
to steal	stole	stolen
robar	robó	robado
to break	broke	broken
romper	rompió	roto
to choose	chose	chosen
escoger	escogió	escogido
to freeze	froze	frozen
congelar	congeló	congelado
to tread	trod	trodden
pisar	pisó	pisado
to weave	wove	woven
hilar	hiló	hilado
to write	wrote	written
escribir	escribió	escrito
to drive	drove	driven
manejar	manejó	manejado
to ride	rode	ridden
cabalgar	cabalgó	cabalgado
to rise	rose	risen
levantarse	se levantó	levantado
to strive	strove	striven
esforzarse	se esforzó	esforzado
To begin	began	begun
empezar, comenzar	empezó, comenzó	empezado, comenzado
to drink	drank	drunk
beber	bebió	bebido

INFINITIVE	PAST (third person singular)	PAST PARTICIPLE
INFINITIVO	PASADO	PARTICIPIO PASADO
to sing cantar	sang cantó	sung cantado
to sink hundir(se)	sank (se) hundió	sunk hundido
to swim nadar	swam nadó	swum nadado
to stink apestar	stank apestó	stunk apestado
to spring brotar, saltar	sprang brotó, saltó	sprung brotado, saltado
to spin hilar	span hiló	spun hilado
to shrink encoger	shrank encogió	shrunk encogido
to ring sonar (a doorbell)	rang sonó	rung sonado
to run correr	ran corrió	run corrido
to know conocer, saber	knew conoció, supo ..	known conocido, sabido
to grow crecer	grew creció	grown crecido
to throw lanzar	threw lanzó	thrown lanzado
to blow soplar	blew sopló	blown soplado
to fly volar	flew voló	flown volado
To take tomar, llevar	took tomó, llevó	taken tomado, llevado
to mistake errar, confundir	mistook erró, confundió	mistaken errado, confundido

INFINITIVE	PAST (third person singular)	PAST PARTICIPLE
INFINITIVO	PASADO	PARTICIPIO PASADO
to undertake emprender	undertook emprendió	undertaken emprendido
to partake participar	partook participó	partaken participado
to shake sacudir	shook sacudió	shaken sacudido
to forsake abandonar	forsook abandonó	forsaken abandonado
to give dar	gave dió	given dado
to forgive perdonar	forgave perdonó	forgiven perdonado
to bid ofrecer	bade ofreció	bidden ofrecido
to forbid prohibir	forbade prohibió	forbidden prohibido
to wear usar (clothes)	wore usó	worn usado
to tear desgarrar	tore desgarró	torn desgarrado
to swear jurar, blasfemar	swore juró, blasfemó	sworn jurado, blasfemado
to bear parir	bore parió	born, borne parido
To get conseguir	got consiguió	gotten, got conseguido
to forget olvidar	forgot olvidó	forgotten olvidado
to beget engendrar	begot engendró	begotten engendrado

INFINITIVE	PAST (third person singular)	PAST PARTICIPLE
INFINITIVO	PASADO	PARTICIPIO PASADO
to draw	drew	drawn
sacar, dibujar	sacó, dibujó	sacado, dibujado
to withdraw	withdrew	withdrawn
retirar	retiró	retirado
to overdraw[1]	overdrew	overdrawn
excederse[1]	se excedió	excedido
to come	came	come
venir, llegar	vino, llegó	venido, llegado
to become	became	become
llegar a ser	llegó a ser	llegado a ser
to overcome	overcame	overcome
sobreponerse	se sobrepuso	sobrepuesto
to eat	ate	eaten
comer	comió	comido
to fall	fell	fallen
caer	cayó	caído
to lie	lay	lain
tenderse	se tendió	tendido
to slay	slew	slain
matar	mató	matado
To be	was, were	been
ser, estar	fue, estuvo	sido, estado
to see	saw	seen
ver	vio	visto
to do	did	done
hacer	hizo	hecho
to go	went	gone
ir	fue	ido
to undergo	underwent	undergone
sufrir, padecer	sufrió, padeció	sufrido, padecido
to overdo	overdid	overdone
exagerar	exageró	exagerado

[1] Con respecto a un giro monetario o crédito.

CLASE 3.—Con idénticas formas en sus tres partes principales.

INFINITIVE	PAST (third person singular)	PAST PARTICIPLE
INFINITIVO	PASADO	PARTICIPIO PASADO
To let dejar, permitir	let dejó, permitió	let dejado, permitido
to set fijar	set fijó	set fijado
to upset trastornar	upset trastornó	upset trastornado
to wet mojar	wet mojó	wet mojado
to bet apostar	bet apostó	bet apostado
to spread extender	spread extendió	spread extendido
to hit pegar, golpear	hit pegó, golpeó	hit pegado, golpeado
to quit renunciar	quit renunció	quit renunciado
to spit escupir	spit escupió	spit escupido
to split dividir	split dividió	split dividido
to cut cortar	cut cortó	cut cortado
to shut cerrar	shut cerró	shut cerrado
to thrust introducir	thrust introdujo	thrust introducido
to cost costar	cost costó	cost costado
To hurt herir, lastimar	hurt hirió, lastimó	hurt herido, lastimado

INFINITIVE	PAST (third person singular)	PAST PARTICIPLE
INFINITIVO	PASADO	PARTICIPIO PASADO
to burst	burst	burst
reventar	reventó	reventado
to put	put	put
poner	puso	puesto
to cast	cast	cast
tirar, fundir	tiró, fundió	tirado, fundido
to broadcast	broadcast	broadcast
difundir	difundió	difundido
to forecast	forecast	forecast
predecir	predijo	predicho

IRREGULAR VERBS

SER, ESTAR (to be), DAR (to give) and IR (to go)

Some Spanish verbs are irregular because they undergo certain modifications in their radicals but not in their inflections. Such modifications were basically done for the sake of euphony, more than anything else. In order to illustrate better this type of irregular verbs, let's take the case of the verb *DAR* (to give). This verb only takes *Y* in the first person *(yo)* after the inflection *O*. The other subjects follow the regular *AR* conjugation. Examples:

	Present	Past tense	Future *(will)*	Cond. *(would)*
(I)	do**Y**	d**i**	dar**é**	dar**í**a
(You, he, she, it)	da	di**c**	dar**á**	dar**í**a
(we)	damos	di**mos**	daremos	dar**í**amos
(you, they)	da**n**	di**eron**	dar**á**n	dar**í**an

Other Spanish verbs are so irregular to the point that they may undergo basic changes both in their radicals as in their inflections. Such is the case of the verbs *IR* (to go), *SER, ESTAR* (to be), etc. Let's see the irregular conjugation of the verb *IR*.

	Present	Past tense	Future *(will)*	Cond. *(would)*
(I)	voy	fu**i**	ir**é**	ir**í**a
(You, he, she, it)	va	fu**c**	ir**á**	ir**í**a
(we)	vamos	fu**i**mos	iremos	ir**í**amos
(you, they)	va**n**	fu**eron**	ir**á**n	ir**í**an

The ING form is equivalent in Spanish to the endings *ANDO* for *AR* verbs, and *IENDO* for *ER* and *IR* verbs. Examples:

(habl*ar*) : Yo *estoy* habl*ANDO* = I *am* speak*ING*

(com*er*) : Ella *está* com*IENDO* = He *is* eat*ING*

(dorm*ir*): Él *está* durm*IENDO* = She *is* sleep*ING*

Infinitive	ING form (Gerund)	Past Participle
d*AR* (to give)	d*ANDO* (giv*ing*)	d*ADO* (giv*en*)

Infinitive	ING form (Gerund)	Past Participle
IR (to go)	*YENDO*[1] (go*ing*)	*IDO* (go*ne*)

[1] In the *ing* form *YENDO* (going) the *i* changes to *y* in the verb *ir* (to go).

Both the verb *SER* as the verb *ESTAR* are equivalent in English to *TO BE,* but in Spanish each one of them expresses a different conception.

SER expresses a close relation with the subject, that is, it is related to oneself (or itself). It usually indicates profession, occupation, nacionality, kindred, religious faith, ability or unability of the subject. Examples:

Soy ingeniero	= I *am* an engineer
Soy empleado de gobierno	= I *am* a government employee
Soy mexicano	= I *am* a Mexican
Soy su (his) hermano	= I *am* his brother
Soy católico	= I *am* a catholic
Soy capaz	= I *am* capable
Soy inexperto	= I *am* unexperienced

Now, let's observe some conjugations with the verb *SER.*

	Present	Past tense	Future *(will)*	Cond. *(would)*
(I)	Soy	era (I was)	ser*é*	ser*ía*
(you, he, she, it)	es	era	ser*á*	ser*ía*
(we)	somos	éramos	ser*emos*	ser*íamos*
(you, they)	son	eran	ser*án*	ser*ían*

Infinitive	ING form (Gerund)	Past Participle
s*ER*	s*IENDO*	s*IDO*
(to be)	(be*ing*)	(be*en*)

80

The verb *ESTAR* expresses *situation, location* or *state of being* of the subject; such as state of mind, readiness, physical condition, or related to health of living organisms (people, animals and plants), or property, quality and consistency of objects. Examples:

Estoy en México	= I	*am* in Mexico
Estoy en la oficina	= I	*am* in the office
Estoy triste	= I	*am* sad
Estoy preocupado	= I	*am* worried
Estoy contento	= I	*am* glad
Estoy listo	= I	*am* ready (prepared)
Estoy enfermo	= I	*am* sick
Estoy cansado	= I	*am* tired

Está vivo	= He	*is* alive
Está muy duro	= It	*is* very hard
Está muy blando	= It	*is* very soft
Está muy jugoso	= It	*is* very juicy
Está muy oscuro	= It	*is* very dark
Está muy caliente	= It	*is* very hot
Está muy brillante	= It	*is* very bright
Está muy dulce	= It	*is* very sweet

Let's observe some conjugations with the verb *ESTAR*.

	Present	Past tense		Future (will)	Conditional (would)
(I)	Estoy	Estaba,	estuve (I was)	estaré	estaría
(you, he, she, it)	está	estaba,	estuvo	estará	estaría
(we)	estamos	estábamos,	estuvimos	estaremos	estaríamos
(you, they)	están	estaban,	estuvieron	estarán	estarían

The ING form is equivalent in Spanish to the endings *ANDO* for *AR* verbs, and *IENDO* for *ER* and *IR* verbs. Examples:

(trabaj*ar*): Yo *estoy* trabaj*ANDO* = I   *am* work*ING*

(corr*er*) : Él   *está*   corr*IENDO* = He *is*   runn*ING*

(escrib*ir*) : Ella *está*   escrib*IENDO* = She *is*   writ*ING*

Infinitive	ING form (Gerund)	Past Participle
Est*AR*	Est*ANDO*	Est*ADO*
(to be)	(be*ing*)	(be*en*)

CONJUGATION OF THE VERBS *DECIR* (to tell, to say) AND *HACER* (to do, to make)

DECIR is equivalent in English to the verb *to tell* as well as the verb *to say*, and *HACER* to the verbs *to do* and *to make*. They are some of the most irregulars Spanish verbs since they undergo basic changes both in their radical as in some of their inflections. Examples:

	Present	Past tense	Future *(will)*	Cond. *(would)*
(I)	di*GO*	di*JE* (I said)	dire	diría
(you, he, she, it)	di*CE*	di*JO*	dirá	diría
(we)	de*CIMOS*	di*JIMOS*	diremos	diríamos
(you, they)	di*CEN*	di*JERON*	dirán	dirían

Infinitive	*ING* form (Gerund)	Past Participle
dec*IR* (to say, to tell)	dic*IENDO* (say*ing*, tell*ing*)	di*CHO* (said, told)

	Present	Past tense	Future *(will)*	Cond. *(would)*
(I)	ha*GO* (I do)	h*ICE* (I did)	haré	haría
(you, he, she, it)	ha*CE*	h*IZO*	hará	haría
(we)	ha*CEMOS*	h*ICIMOS*	haremos	haríamos
(you, they)	ha*CEN*	h*ICIERON*	harán	harían

Infinitive	*ING* form (Gerund)	Past Participle
hac*ER* (to do)	hac*IENDO* (do*ing*)	h*ECHO* (done)

CONJUGATION OF THE VERBS *VENIR* (to come), *SALIR* (to leave, to go out) AND *SABER* (to know)

The most outstanding characteristic of these three irregular verbs is that they drop their second vowel to form the Future and the Conditional *(ven(i)r, sal(i)r, sab(e)r)*. Instead of the eliminated vowel *(i)*, the consonant D is added to *venir* and *salir:* venDré, salDré (I will come, I *will* leave). In the verb *saber* only the vowel *e* is suppressed: sabré (I *will* know).

Let's see now some basic conjugations of the three verbs:

	Present	Past tense	Future *(will)*	Cond. *(would)*
(I)	venGO (I come)	vinE (I came)	venDré	venDría
(you, he, she, it)	vienE	vinO	venDrá	venDría
(we)	venIMOS	vinIMOS	venDremos	venDríamos
(you, they)	vienEN	vinIERON	venDrán	venDrían

Infinitive	ING form (Gerund)	Past Participle
venIR (to come)	vinIENDO (coming)	venIDO (come)

	Present	Past tense	Future (will)	Cond. (would)
(I)	salGO (I leave)	salí (I left)	salDré	salDría
(you, he, she, it)	salE	salió	salDrá	salDría
(we)	salIMOS	salimos	salDremos	salDríamos
(you, they)	salEN	salieron	salDrán	salDrian

Infinitive	ING form (Gerund)	Past Participle
salIR	salIENDO	salIDO
(to leave, to go out)	(leaving, going out)	(left, gone out)

	Present	Past tense	Future (will)	Cond. (would)
(I)	sE (I know)	SUPE, sabía (I knew)	sabré	sabría
(you, he, she, it)	sabE	sUPO, sabía	sabrá	sabría
(we)	sabEMOS	sUPIMOS, sabíamos	sabremos	sabríamos
(you, they)	sabEN	sUPIERON, sabían	sabrán	sabrían

Infinitive	ING form (Gerund)	Past Participle
sabER	sabIENDO	sabIDO
(to know)	(knowing)	(known)

CONJUGATION OF THE VERBS *PONER* (to put), *PROPONER* (to propose, to suggest), *TENER* (to have, to possess) AND *PODER* (can, to be able)

These four verbs also have an irregular conjugation since they undergo modifications both in their radical as well as in their inflections.—*PROPONER* is conjugated like *PONER*.—*TENER* and *PODER* have a very similar conjugation to the first ones. Examples:

	Present	Past tense	Future *(will)*	Cond. *(would)*
(I)	pon*GO* (to put)	pu*SE* (I put)	pondr*é* (I *will* put)	pondr*ía* (I *would* put)
(you, he, she, it)	pon*E*	pu*SO*	pondr*á*	pondr*ía*
(we)	pon*EMOS*	pu*SIMOS*	pondremos	pondr*íamos*
(you, they)	pon*EN*	pu*SIERON*	pondr*án*	pondr*ían*

Infinitive	*ING* form (gerund)	Past Participle
Pon*ER* (to put)	Pon*IENDO* (putt*ing*)	*PUESTO* (p*ut*)

	Present	Past tense	Future *(will)*	Cond. *(would)*
(I)	propon*GO* (I propose)	propu*SE* (I proposed)	propondr*é* (I *will* propose)	propondr*ía* (I *would* propose)
(you, he, she, it)	propon*E*	propu*SO*	propondr*á*	propondr*ía*
(we)	propon*EMOS*	propu*SIMOS*	propondremos	propondr*íamos*
(you, they)	propon*EN*	propu*SIERON*	propondr*án*	propondr*ían*

Infinitive	*ING* form (gerund)	Past Participle
Propon*ER* (to propose)	Propon*IENDO* (propos*ing*)	Prop*UESTO* (propos*ed*)

	Present	Past tense	Future *(will)*	Cond. *(would)*
(I)	ten*GO* (I have)	tu*VE* (I had)	tendr*é* (I *will* have)	tendr*ía* (I *would* have)
(you, he, she, it)	tien*E*	tu*VO*	tendr*á*	tendr*ía*
(we)	ten*EMOS*	tu*VIMOS*	tendremos	tendr*íamos*
(you, they)	tien*EN*	tu*VIERON*	tendr*án*	tendr*ían*

Infinitive	*ING* form (gerund)	Past Participle
Ten*ER*	ten*IENDO*	ten*IDO*
(to have)	(hav*ing*)	(had)

	Present	Past tense	Future *(will)*	Cond. *(would)*
(I)	pue*DO* (I can)	pu*DE* (I *could*, I *was* able)	podr*é* (I *will* be able)	podr*ía* (I *would* be able)
(you, he, she, it)	pue*DE*	pu*DO*	podr*á*	podr*ía*
(we)	po*DEMOS*	pu*DIMOS*	podremos	podr*íamos*
(you, they)	pue*DEN*	pu*DIERON*	podr*án*	podr*ían*

Infinitive	*ING* form (gerund)	Past Participle
pod*ER*	pud*IENDO*	pod*IDO*
(can)	(be*ing* able)	(been able)

CONJUGATION OF THE VERBS *OIR* (to hear) AND *CAER* (to fall)

You will notice in the graphic below that these two irregular verbs have as a special characteristic a *Y* in the past tense, which is used with some persons instead of the regular *i*. Observe also that *OIR* takes a *Y* in some persons of the present tense too.

	Present	Past tense	Future *(will)*	Cond. *(would)*
(I)	oiGO (I hear)	oí (I heard)	oiré	oiría
(you, he, she, it)	oYE	oyó	oirá	oiría
(we)	oíMOS	oímos	oiremos	oiríamos
(you, they)	oYEN	oyeron	oirán	oirían
(I)	caiGO (I fall)	caí (I fell)	caeré	caería
(you, he, she, it)	caE	cayó	caerá	caería
(we)	caEMOS	caímos	caeremos	caeríamos
(you, they)	caEN	cayeron	caerán	caerían

Infinitive	ING form Gerund)	Past Participle
oIR (to hear)	oYENDO[1] (hearing)	oíDO (heard)
caER (to fall)	caYENDO[2] (falling)	caíDO (fallen)

[1] [2] Observe that both ING forms *i* changes to *y*: oyendo, cayendo.

SECOND PART
SEGUNDA PARTE

CONTENT
CONTENIDO

PRACTICAL CONVERSATION AND BASIC VOCABULARY

CONVERSACIONES PRÁCTICAS Y VOCABULARIO BÁSICO

AT THE IMMIGRATION OFFICE
EN LA OFICINA DE INMIGRACION

1 *May I see your passport?*
1 ¿Puedo ver su pasaporte?

2 *Let me see your visa.*
2 Déjeme ver su visa.

3 *How long do you intend to stay in this country?*
3 ¿Cuánto tiempo piensa usted permanecer en este país?

4 *I intend to stay here two weeks.*
4 Pienso permanecer aquí dos semanas.

5 *What is the purpose of your trip?*
5 ¿Cuál es el motivo de su viaje?

6 *The purpose of my trip is to visit relatives.*
6 El motivo de mi viaje es visitar familiares.

7 *My trip is for pleasure.*
7 Mi viaje es de paseo.

8 *My trip is for business.*
8 Mi viaje es de negocios.

9 *Do you have some relatives in this country?*
9 ¿Tiene usted familiares en este país?

10 *No Sir. I have no relatives here.*
10 No señor, No tengo familiares aquí.

11 *What will be your temporary address in this country?*
11 ¿Cuál será su dirección provisional en este país?

12 *My temporary address will be the Astor Hotel in New York.*
12 Mi dirección provisional será el Hotel Astor en Nueva York.

13 *Whom will be notified in case of death or accident?*
13 ¿A quién se le notificará en caso de muerte o accidente?

14 *Please notify my brother, Mr. Charles Brown, who lives at 171 Independence Street in Mexico City.*

14 Por favor notificar a mi hermano, el Sr. Carlos Moreno, que vive en la calle de Independencia 171 en la ciudad de México.

AT THE SANITARY OFFICE
EN LA OFICINA DE SANIDAD

1   *Please show me your international vaccination certificate.*
1   Por favor muéstreme su certificado internacional de vacuna.

2   *Yes Sir. Here you are.*
2   Sí señor. Aquí lo tiene.

3   *Have you ever been vaccinated against small-pox?*
3   ¿Ha sido usted alguna vez vacunado contra la viruela?

4   *I'm sorry, but you'll have to be vaccinated now.*
4   Lo siento, pero tendrá que ser vacunado ahora.

5   *Your vaccination certificate has expired already.*
5   Su certificado de vacuna ya está vencido.

6   *Step this way, please.*
6   Pase por aquí, por favor.

7   *Take off your jacket and roll up your shirt sleeve.*
7   Quítese su chaqueta y levántese la manga de su camisa.

AT THE CUSTOM-HOUSE
EN LA ADUANA

1   *Will you please open your traveling bags and suit-cases.*
1   Por favor. Abran sus maletines y maletas.

2   *Unlock this trunk, and open it, please.*
2   Este baúl está cerrado con llave, ábralo por favor.

3   *You may lock it now.*
3   Puede cerrarlo con llave ahora.

4   *Do you have anything to declare?*
4   ¿Tiene usted algo que declarar?

5   *Do you have any jewelry to declare?*
5   ¿Tiene usted joyas que declarar?

6   *You must pay tax for those items.*
6   Usted debe pagar impuesto por esos artículos.

THE BAGGAGE ROOM
EL CUARTO DE EQUIPAJE

1 *Where is the baggage room?*
1 ¿Dónde está el cuarto de equipaje?

2 *I want my baggage checked.*
2 Quiero consignar mi equipaje.

3 *Here are your tickets to pick up your baggage.*
3 Aquí están sus boletos para recoger su equipaje.

4 *Where can I pick up my baggage?*
4 ¿Dónde puedo recoger mi equipaje?

5 *You can pick it up at the baggage room.*
5 Usted puede recogerlo en el cuarto de equipaje.

6 *Let me have your tickets, please.*
6 Deme sus boletos, por favor.

RENTING A CAR
ALQUILANDO UN AUTO

1 *May I have some change to make a phone-call?*
1 ¿Puede darme cambio para llamar por teléfono?

2 *Where is a telephone booth around here?*
2 ¿Dónde hay una cabina de teléfonos por aquí?

3 *Hello, this is Mister Gomez speaking from the "Western Air Lines office".*
3 Aló, habla el señor Gómez desde la oficina de la "Western Air Lines".

4 *I already have a reservation for your car rental service.*
4 Tengo ya una reservación en su servicio de alquiler de autos.

5 *Will you please send a person over here to make the necessary arrangements?*
5 Por favor, manden una persona aquí para hacer los arreglos necesarios.

6 *Gladly, Sir. He'll be right over.*
6 Con mucho gusto, señor. Estará ahí en seguida.

7 *I would like to know about your rates to rent a car.*
7 Quisiera saber sus cuotas para alquilar un auto.

8 *It all depends on the car and how long you will use it.*
8 Todo depende del auto y del tiempo que usted lo use.

9 *I would like a compact car and I will probably use it for seven days.*
9 Me gustaría un carro compacto y probablemente lo usaré por siete días.

10 *I would like to get a car insurance covering everything.*
10 Quisiera obtener un seguro de autos que cubra todo.

11 *How much will it be?*
11 ¿Cuánto será el importe de eso?

12 *Is gasoline included with the car renting?*
12 ¿Se incluye la gasolina al alquiler del auto?

13 *May I have a city map, if you please?*
13 ¿Me da usted un mapa de la ciudad, por favor?

14 *Yes, of course.*
14 Sí, por supuesto.

15 *Which is the shortest way to the Astor Hotel?*
15 ¿Cuál es el camino más corto al Hotel Astor?

16 *Could you mark it on the map for me?*
16 ¿Podría marcármelo en el mapa?

17 *I will also need another car reservation for S. Francisco. Could you fix that for me?*
17 Necesitaré también otra reservación de auto para S. Francisco. ¿Podría arreglarme eso?

18 *I am planning to arrive in S. Francisco on flight 77 "Western Airlines", on the 15th of May.*
18 Proyecto llegar a S. Francisco en el vuelo 77 de "Western Airlines" el 15 de mayo.

AT THE HOTEL
EN EL HOTEL

1 *Yes Sir. May I help you?*
1 **Diga señor. ¿Puedo servirlo?**

2 *Please carry our baggage to the Register desk.*
2 **Por favor, lleve nuestro equipaje a la Administración.**

3 *This way, please.*
3 **Por aquí, por favor.**

4 *I made a reservation for a suite. My name is John Brown.*
4 **Hice una reservación para una habitación. Me llamo Juan Moreno.**

5 *Just a minute. Let me check it at the guests list.*
5 **Un momento. Déjeme verificarlo en la lista de huéspedes.**

6 *That's right. Everything is under control.*
6 **Exacto. Todo está en orden.**

7 *How long are you planning to stay in the hotel?*
7 **¿Cuánto tiempo proyecta permanecer en el hotel?**

8 *I'm planning to stay here for three days.*
8 **Proyecto permanecer aquí tres días.**

9 *I'm checking out next Friday.*
9 **Me iré el próximo viernes.**

10 *Your room number is 505. Here is your key.*
10 **Su número de cuarto es el 505. Aquí está su llave.**

11 *The bell-boy will show you to your room.*
11 **El botones lo llevará a su cuarto.**

12 *Step this way, please. Let's take the elevator to the fifth floor.*
12 **Pase por aquí, por favor. Tomemos el elevador al quinto piso.**

13 *Do you have laundry service in the hotel?*
13 ¿Tienen servicio de lavado de ropa en el hotel?

14 *Please, send a person to my room to pick up some clothes for the laundry.*
14 Por favor, mande una persona a mi cuarto a recoger una ropa para lavar.

15 *I would like to have some suits and dresses pressed.*
15 Quisiera mandar a planchar unos trajes y vestidos.

16 *Is there a cleaner's service in the hotel?*
16 ¿Hay servicio de tintorería en el hotel?

17 *When will you get them ready? I am in a hurry*
17 ¿Cuándo los tendrá listos? Tengo prisa.

18 *Special service costs double.*
18 El servicio especial cuesta el doble.

19 *You will have to pay over charge.*
19 Usted tendrá que pagar más importe.

20 *I would like to keep these valuables in your safety box.*
20 Quisiera guardar estos valores en su caja de seguridad.

21 **May I have my receipt please?**
21 ¿Me puede dar mi recibo, por favor?

22 *May I have my key, please?*
22 ¿Me puede dar mi llave, por favor?

23 *Could I have my hotel bill?*
23 ¿Podría darme la cuenta del hotel?

24 *Are the extra charges included too?*
24 ¿Se incluyen las extras también?

25 *Are the two long distance calls to Mexico included too?*
25 ¿Se incluyen las dos llamadas de larga distancia a México también?

26 *Are there any extra charges in my bill?*
26 ¿Hay cargos extra en mi cuenta?

27 *I want to get up early. Please give me a ring at seven.*
21 Quiero levantarme temprano. Por favor, llámeme a las siete.

28 *We are catching our plane at eight o'clock bound to S. Francisco.*
28 Tomaremos el avión de las ocho con destino a San Francisco.

29 *Please confirm our plane reservation for us.*
29 Por favor, confírmenos nuestra reservación de avión.

30 *Can you cash this travel check for me?*
30 ¿Puede usted cambiarme este cheque de viajero?

31 *I would like five and ten dollar bills.*
31 Quisiera billetes de cinco y diez dólares.

32 *We would like to see the doctor's hotel.*
32 Quisiéramos ver al médico del hotel.

33 *My wife is feeling a little upset.*
33 Mi esposa se siente un poco indispuesta.

34 *Please, tell the doctor to come up to our room.*
34 Por favor, dígale al médico que suba a nuestro cuarto.

35 *How much is the doctor's fee?*
35 ¿Cuánto cuesta la consulta del médico?

36 *Do you have room service here?*
36 ¿Sirven alimentos en la habitación?

37 *We want to be served breakfast (dinner, supper) in our room.*
37 Queremos que nos sirvan el desayuno (la comida, la cena) en la habitación.

38 *Please, bring some ice-cubes and soda (seltzer water).*
38 Por favor, traiga unos cubitos de hielo y soda (agua mineral).

39 *The air-conditioning is cooling the room too much.*
39 El aire acondicionado está enfriando mucho el cuarto.

40 *Please, send a person to fix it.*
40 Por favor, mande una persona a arreglarlo.

41 *We need an extra-blanket.*
41 Necesitamos un cobertor más.

42 *We want some iced water, please.*
42 Queremos agua helada, por favor.

43 *The water from the bath tub is not hot enough.*
43 El agua del baño no está suficientemente caliente.

44 *We would like four packages of cigarettes. Please charge it to my account.*
44 Quisiéramos cuatro cajetillas de cigarros. Por favor, cárguelo a mi cuenta.

45 *I want to make a long distance call to Mexico.*
45 Quiero hacer una llamada de larga distancia a México.

46 *I want to call up Mr. Henry Smith. His number is 38-75-18.*
46 Quiero telefonear al Señor Enrique López. Su número es el 38-75-18.

47 *It is a person to person call.*
47 Es una llamada de persona a persona.

48 *How long will it take to make the connection?*
48 ¿Cuánto tiempo tardará en hacerse la comunicación?

49 *Where is your information office?*
49 ¿Dónde está su oficina de información?

50 *I want to know about the helicopter service to Disneyland.*
50 Quiero informarme del servicio de helicópteros a Disneylandia.

51 *Where can we take a helicopter to go to Disneyland?*
51 ¿Dónde podemos tomar un helicóptero para ir a Disneylandia?

52 *Are there any other places where we can board them?*
52 ¿Hay otros lugares donde podamos abordarlos?

53 *May I have a time-table?*
53 ¿Puede darme un itinerario? (or horario)

AT THE BARBER SHOP AND BEAUTY PARLOR

EN LA PELUQUERIA Y SALON DE BELLEZA

1 *Where is the nearest barber shop around here?*
1 ¿Dónde está la peluquería más cercana por aquí?

2 *Is there a barber shop in the hotel?*
2 ¿Hay peluquería en el hotel?

3 *Where can I find a good barber shop?*
3 ¿Dónde puedo encontrar una peluquería buena?

4 *I would like a medium hair-cut.*
4 Quisiera un corte de pelo mediano.

5 *I want a short hair-cut.*
5 Quiero un corte de pelo corto.

6 *I want my hair-cut long.*
6 Quiero mi corte de pelo largo.

7 *Don't cut too much. Leave it long.*
7 No corte mucho. Déjelo largo.

8 *Please, cut a little bit on the sides.*
8 Por favor, corte un poquito en los lados.

9 *Please, put some hair-tonic.*
9 Por favor, póngame loción capilar.

10 *I don't want any hair-tonic.*
10 No quiero loción capilar.

11 *Don't put anything on my hair.*
11 No me ponga nada en el pelo.

12 *I would like a shave, too.*
12 Quisiera una rasurada (or afeitada), también.

13 *I want a hot towel and massage.*
13 Quiero una toalla caliente y masaje.

14 *I want neither a hot towel nor massage, just a shave.*
14 No quiero ni toalla caliente ni masaje, sólo la rasurada (or afeitada).

15 *I want my hair washed.*
15 Quiero que me laven el pelo.

16 *I want a hair-do and a manicure.*
16 Quiero que me peinen y me manicuren.

17 *How long will it take? I am in a hurry.*
17 ¿Cuánto tardará eso? Tengo prisa.

18 *I want a cold-wave.*
18 Quiero permanente en frío.

AT THE RESTAURANT
EN EL RESTAURANTE

1   *Let me see the menu, please.*
1   Déjeme ver el menú, por favor.

2   *We would like to have an appetizer before dinner.*
2   Quisiéramos tomar un aperitivo antes de la comida.

3   *What kind of appetizers do you have?*
3   ¿Qué clase de aperitivos tiene?

4   *Let me have an oyster-cocktail, please.*
4   Deme un coctel de ostiones, por favor.

5   *I would like a fruit cocktail.*
5   Quisiera un coctel de frutas.

6   *What is today's specialty?*
6   ¿Cuál es la especialidad del día?

7   *What would you recommend for the entree?*
7   ¿Qué recomendaría para el guisado?

8   *I will try that dish.*
8   Probaré ese platillo.

9   *Is it tasty?*
9   ¿Es sabroso?

10   *What kind of meat and other ingredients does it have?*
10   ¿Qué clase de carne y otros ingredientes tiene?

11   *I want number 5 (five), please.*
11   Quiero el número 5 (cinco), por favor.

12   *Do you serve Italian dishes?*
12   ¿Sirven platillos italianos?

13   *We would like to taste a typical American (Mexican) dish.*
13   Quisiéramos probar un platillo americano (mexicano) típico.

14   *I want to drink some beer, red wine, coffee, tea, milk, etc.*
14   Quiero tomar cerveza, vino tinto, café, té, leche, etc.

15 *Let me have a cup of black coffee, express coffee, etc.*
15 Deme un taza de café negro, café express, etc.

16 *We want custard pie for dessert.*
16 Queremos pastel de flan para el postre.

17 *What other desserts do you have?*
17 ¿Qué otros postres tiene?

18 *May I have my check, please?*
18 ¿Puede darme la cuenta, por favor?

19 *Thank you, keep the change.*
19 Gracias, guárdese el cambio.

DOING SHOPPINGS
HACIENDO COMPRAS

1 *On what floor is the men's (ladies', children's) department?*
1 ¿En qué piso está el departamento para hombres (damas, niños)?

2 *May I help you?*
2 ¿Puedo servirlo?

3 *Are you waited on, Sir?*
3 ¿Ya lo atienden, señor?

4 *I need a pair of shoes and socks.*
4 Necesito un par de zapatos y calcetines.

5 *I want them black.*
5 Los quiero negros.

6 *What size do you wear?*
6 ¿Qué medida usa usted?

7 *I wear size number seven.*
7 Uso medida número siete.

8 *I want high-heels (low-heels) slippers and seamless nylon stockings.*
8 Quiero zapatillas de tacón alto (tacón bajo) y medias de nylon sin costura.

9 *How do they fit you?*
9 ¿Cómo le quedan?

10 *They fit me a little tight.*
10 Me quedan un poco estrechos.

11 *Let me try on a larger size.*
11 Déjeme probar un número más grande.

12 *Try these on, please.*
12 Pruébese éstos, por favor.

13   *They fit me a little loose.*
13   Me quedan un poco grandes.

14   *I want to try on a smaller size.*
14   Quiero probarme un número más chico.

15   *I think they fit me just fine.*
15   Creo que me quedan bien.

16   *This shoe fits me all right. Let me try the other one.*
16   Este zapato me queda bien. Deje probarme el otro.

17   *Show me another style.*
17   Enséñeme otro estilo.

18   *I want high quality ladies' underwearings.*
18   Quiero ropa íntima de alta calidad para dama.

19   *Show me different colors, please.*
19   Enséñeme diferentes colores, por favor.

20   *Do you have a better quality?*
20   ¿Tiene mejor calidad?

21   *Is this the best quality you have?*
21   ¿Es ésta la mejor calidad que usted tiene?

22   *I want low-priced sport shirts, small size.*
22   Quiero camisas sport de bajo precio, de talla chica.

23   *Do you have others at a lower price?*
23   ¿Tiene otras de precio más bajo?

SEEKING GENERAL INFORMATION

SOLICITANDO INFORMACION EN GENERAL

1   *What is the short cut to Disneyland?*
1   ¿Cuál es el camino más corto a Disneylandia?

2   *What buses could we ride to get there?*
2   ¿Qué autobuses nos dejarían allí?

3   *Where is the bus stop to catch a bus going down town?*
3   ¿Dónde está la parada para tomar un autobús que vaya al centro?

4   *What is the way down town?*
4   ¿Cuál es el camino al centro?

5   *Is there any left turn on the next block?*
5   ¿Hay vuelta a la izquierda en la próxima cuadra?

6   *Is this the way to Disneyland?*
6   ¿Es éste el camino a Disneylandia?

7   *Is that a one-way street?*
7   ¿Es ésa una calle de un solo sentido?

8   *Is that a two-way street?*
8   ¿Es ésa una calle de doble sentido?

9   *Can I drive straight ahead?*
9   ¿Puedo manejar recto hacia adelante?

10 *Can I park on this block?*
10 ¿Puedo estacionarme en esta cuadra?

11 *How far is the nearest Post Office (Western Union) from here?*
11 ¿Qué tan lejos está la más cercana oficina de correos (telégrafos) de aquí?

12 *What is the best free-way to get to.........?*
12 ¿Cuál es el mejor viaducto para llegar a.........?

13 *Is there any other free-way to go to·········?*
13 ¿Hay otro viaducto para ir a.........?

14 *What is the speed-limit on that highway?*
14 ¿Cuál es el límite de velocidad en esa carretera?

15 *How far is the nearest gas station from here?*
15 ¿Qué tan lejos está la más cercana gasolinera de aquí?

16 *Please, fill the tank. Fill it up.*
16 Por favor, llene el tanque. Llénelo.

17 *Check the oil and the tires, please.*
17 Verifique el aceite y las llantas, por favor.

18 *I want some air for the tires.*
18 Quiero aire para las llantas.

19 *Clean the windshield, please.*
19 Limpie el parabrisas, por favor.

20 *Where can I find a car-repair shop?*
20 ¿Dónde puedo encontrar un taller automotriz?

21 *Check the engine and the brakes, please.*
21 Revise el motor y los frenos, por favor.

AT THE AIRPORT
EN EL AEROPUERTO

1 *I have a reservation on your flight 178 bound to Chicago.*
1 Tengo una reservación en su vuelo 178 con destino a Chicago.

2 *I want to know if my space is already confirmed.*
2 Quiero saber si mi lugar ya está confirmado.

3 *I want a round trip ticket to New York for Wednesday.*
3 Quiero un boleto de ida y vuelta a Nueva York, para el miércoles.

4 *What time does my plane leave?*
4 ¿A qué hora sale mi avión?

5 *How many pounds of baggage am I allowed to take with me?*
5 ¿Cuántos kilos de equipaje se me permite llevar?

6 *How much do I have to pay for over-weight?*
6 ¿Cuánto tengo que pagar de sobre-peso?

7 *I want a flight life insurance.*
7 Quiero un seguro de vida para vuelo.

8 *What time will we arrive in New York?*
8 ¿A qué hora llegaremos a Nueva York?

9 *Can I make a stop-over in Dallas with the same air ticket?*
9 ¿Puedo hacer una escala en Dallas con el mismo boleto aéreo?

10 *For how long is my return ticket good?*
10 ¿Por cuánto tiempo es bueno mi boleto de regreso?

11 *How much is one way ticket to Mexico City?*
11 ¿Cuánto cuesta el boleto de ida para la ciudad de México?

12 *How much is a round trip ticket to Brasilia?*
12 ¿Cuánto cuesta el boleto de ida y vuelta a Brasilia?

137

13 *What time should I be at the airport to check my baggage?*
13 ¿A qué hora debo estar en el aeropuerto para consignar mi equipaje?

14 *How long does the flight to New York take?*
14 ¿Cuánto tiempo dura el vuelo a Nueva York?

15 *Where should I change planes to Los Angeles?*
15 ¿Dónde debo trasbordar de avión a Los Ángeles?

16 *I want a time-table for departures and arrivals of international planes.*
16 Quiero un horario de salidas y llegadas de aviones internacionales.

A BUSINESS INTERVIEW AND APPLYING FOR A POSITION

UNA ENTREVISTA DE NEGOCIOS Y SOLICITANDO UN PUESTO

1 *Hello! Who's calling, please?*
1 ¡Aló! ¿Quién llama, por favor?

2 *This is Mr. Gomez calling. I want to speak to Mr. Smith.*
2 Llama el señor Gómez. Quiero hablar con el señor Smith.

3 *Mr. Smith is not in now. Do you wish to leave a message?*
3 El señor Smith no está. ¿Desea dejar el recado?

4 *Please, tell him to call me up when he comes back.*
4 Por favor, dígale que me telefonee cuando regrese.

5 *May I see Mr. Brown in his office?*
5 ¿Puedo ver al señor Moreno en su despacho?

6 *Please, tell him I have an appointment with him today.*
6 Por favor, dígale que tengo una cita con él hoy.

7 *Could I see him tomorrow or any other day?*
7 ¿Podría verlo mañana o cualquier otro día?

8 *When will he grant me an interview?*
8 ¿Cuándo me concederá una entrevista?

9 *Please, ask him if I could wait for him.*
9 Por favor, pregúntele si podría esperarlo.

10 *Please, ask him when I could talk to him.*
10 Por favor, pregúntele cuándo podría hablarle.

11 *Please, give him my calling card. I think he's expecting me.*
11 Por favor, dele mi tarjeta de visita. Creo que él me espera.

12 *I wish to talk to him about a business matter.*
12 Deseo hablarle acerca de un asunto de negocios.

13 *Could I wait for him until he's free?*
13 ¿Podría esperarlo hasta que se desocupe?

14 *Excuse me. Is the manager in now?*
14 Perdone. ¿Está el gerente ahora?

15 *Could I leave a message for him?*
15 ¿Podría dejarle un recado?

16 *May I have a work-application?*
16 ¿Puede darme una solicitud de empleo?

17 *Could I fill out an application for that job?*
17 ¿Podría llenar una solicitud para ese empleo?

18 *I want to know if there is an open position here.*
18 Quiero saber si hay un puesto vacante aquí.

19 *Is there an opening for me?*
19 ¿Hay una vacante para mí?

20 *I have enough experience for that position.*
20 Tengo suficiente experiencia para ese puesto.

AT THE POST OFFICE
EN EL CORREO

1 *I want a mail-box.*
1 Quiero un apartado postal.

2 *How much do you charge for a mail-box?*
2 ¿Cuánto cobran por un apartado postal?

3 *Is there any mail for me?*
3 ¿Hay correspondencia para mí?

4 *I want to stamp this letter.*
4 Quiero franquear esta carta.

5 *I want an air mail postage to Mexico.*
5 Quiero un porte de correo aéreo para México.

6 *How much is the air mail postage to England?*
6 ¿Cuánto es el porte aéreo para Inglaterra?

7 *How much is the air mail postage to Mexico for this post card?*
7 ¿Cuánto es el porte aéreo a México para esta tarjeta postal?

8 *Please, give me a special delivery stamp.*
8 Por favor, deme una estampilla de entrega inmediata.

9 *How much must I pay for over weight in this letter?*
9 ¿Cuánto debo pagar por sobre-peso en esta carta?

10 *I want four fifty-cent stamps.*
10 Quiero cuatro estampillas de cincuenta centavos.

11 *I want to register this letter.*
11 Quiero certificar esta carta.

12 *I want to send three hundred dollars to Chicago.*
12 Quiero mandar trescientos dólares a Chicago.

13 *Please give me a money order.*
13 Por favor, deme un giro postal.

14 *I want to send some wall-paper to Mexico by air mail.*
14 Quiero mandar papel tapiz a México por correo aéreo.

15 *What is the weight limit to send packages by air mail?*
15 ¿Cuál es el peso límite para mandar paquetes por correo aéreo?

16 *How many yards of wall paper is one allowed to send out of the country?*
16 ¿Cuántos metros de papel tapiz se pueden mandar al exterior?

17 *Can this kind of items be sent out of the country?*
17 ¿Puede esta clase de artículos mandarse al exterior?

18 *Could I send this package by air mail or air freight?*
18 ¿Podría mandar este paquete por correo aéreo o carga aérea?

MONEY EXCHANGING

CAMBIANDO DINERO

1 *Where is the nearest Bank?*
1 ¿Dónde está el banco más cercano?

2 *I want to change some money.*
2 Quiero cambiar algún dinero.

3 *I want to change fifty dollars for Mexican currency.*
3 Quiero cambiar cincuenta dólares por moneda mexicana.

4 *I want to change one thousand pesos for American currency.*
4 Quiero cambiar mil pesos por moneda americana.

5 **How much is a Canadian dollar worth in American currency?**
5 ¿Cuánto vale un dólar canadiense en moneda americana?

6 **How many pesetas make a dollar?**
6 ¿Cuántas pesetas equivalen a un dólar?

7 *What is the equivalent of an English pound in American currency?*
7 ¿Cuál es el equivalente de una libra inglesa en dólares?

8 *What is the equivalent of a dollar in French currency?*
8 ¿Cuál es el equivalente de un dólar en moneda francesa?

9 *Could you change this travel check for me?*
9 ¿Podría usted cambiarme este cheque de viajero?

10 *Where can I cash a check?*
10 ¿Dónde puedo cambiar un cheque?

11 *Is there a branch of the National City Bank nearby?*
11 ¿Hay cerca una sucursal del National City Bank?

12 *I want four hundred dollars from this letter of credit.*
12 Quiero cuatrocientos dólares de esta carta de crédito.

13 *I want to draw three thousand pesetas from this letter of credit.*

13 Quiero sacar tres mil pesetas de mi carta de crédito.

14 *I want a list of the European Banks where I can cash my letter of credit.*

14 Quiero una lista de los bancos europeos donde pueda hacer efectiva mi carta de crédito.

15 *Is there any other Bank here where I can cash this letter of credit?*

15 ¿Hay aquí algún otro banco donde pueda hacer efectiva esta carta de crédito?

16 *I want to buy one hundred dollars.*

16 Quiero comprar cien dólares.

17 *I want two thousand dollars in travel checks.*

17 Quiero dos mil dólares en cheques de viajero.

18 *What percentage do you charge for travel checks?*

18 ¿Qué porcentaje se carga en los cheques de viajero?

19 *I want a check in dollars to be cashed in Italy.*

19 Quiero un cheque en dólares pagadero en Italia.

20 *Do you accept American Express or Diner's Club cards here?*

20 ¿Se aceptan aquí tarjetas del American Express o del Diner's Club?

21 *I want to deposit one thousand dollars in my account at the First National Bank in New York.*

21 Quiero depositar mil dólares en mi cuenta del First National Bank en Nueva York.

AT THE THEATER
EN EL TEATRO

1 *I want to reserve two seats for tonight's performance.*
1 Quiero reservar dos asientos para la función de esta noche.

2 *I want them, if possible, at the first rows on the main floor.*
2 Los quiero, si es posible, en las primeras filas de luneta.

3 *I prefer front seats.*
3 Prefiero asientos delanteros.

4 *What play will be performed tonight?*
4 ¿Qué obra pondrán esta noche?

5 *Where else can I get the tickets besides the ticket-office?*
5 ¿En qué otra parte puedo adquirir los boletos además de la taquilla?

6 *Please, give me a program.*
6 Por favor, deme un programa.

7 *Here is a program.*
7 Aquí está el programa.

8 *Give us four seats in the balcony.*
8 Dénos cuatro asientos en balcón.

9 *Could I reserve three stalls at the middle rows for tomorrow night's Opera?*
9 ¿Podría reservar tres butacas en las filas de en medio para la ópera de mañana en la noche?

10 *Please give us two back seats at the right aisle.*
10 Por favor, denos dos asientos traseros en el pasillo de la derecha.

11 *Are tickets sold some days before the performance?*
11 ¿Se venden boletos unos días antes de la representación?

12 *Is the play apt for minors and adults?*
12 ¿Es apta la obra para menores y adultos?

13 *Are there still any boxes left for tonight's Opera?*
13 ¿Quedan aún palcos para la ópera de esta noche?

14 *Are there any seats in the gallery, then?*
14 ¿Hay algunos asientos en galería, entonces?

15 *At what time does the performance begin?*
15 ¿A qué hora comienza la representación?

16 *At what time does the performance end?*
16 ¿A qué hora termina la representación?

17 *What is the price of the ticket on the main floor?*
17 ¿Cuál es el precio del boleto en luneta?

18 *Please show us our seats.*
18 Por favor, muéstrenos nuestros asientos.

19 *Here is my ticket.*
19 Aquí está mi boleto.

20 *Will you allow me to pass?*
20 ¿Me permite usted pasar?

21 *I am sorry to trouble you.*
21 Siento mucho molestarlo.

22 *I don't like this seat.*
22 No me gusta este asiento.

23 *Can you not give me another one?*
23 ¿No puede usted darme otro?

24 *There are no more seats.*
24 No hay más asientos.

25 *Company, comic opera, management, set, performance, artist.*
25 Compañía, zarzuela, empresa, acto, función, artista.

26 *Front seats, pit, box on first tier, box on second tier, prices of admittance.*
26 Delanteros, luneta, palco primero, palco segundo, precios de entrada.

27 *Scenery, costumes, the plot, the date. First performance.*
27 Decoraciones, vestuario, la acción, la fecha. Estreno.

28 *Holder of a season ticket, at a certain hour sharp, opera, comedy, drama, overture, title, the curtain drops, end of the opera.*
28 Abonado, hora fija, ópera, comedia, drama, obertura, título, cae el telón, fin de la ópera.

PRACTICAL CONVERSATIONS AND BASIC VOCABULARY

CONVERSACIONES PRACTICAS Y VOCABULARIO BASICO

GETTING ALONG AT THE POST OFFICE
AND AT THE BUS-DEPOT

DESENVOLVIÉNDOSE EN EL CORREO
Y EN LA ESTACIÓN DE AUTOBUSES

SEEKING INFORMATION
SOLICITANDO INFORMACIÓN

TRAVELER—How far is the bus depot from here?
VIAJERO—¿A qué distancia está la estación de autobuses de aquí?

POLICEMAN—It's not too far from here, but you have to get a taxi anyhow. It's a long way walking.
POLICÍA—No está muy lejos de aquí, pero usted tiene que tomar un taxi de todos modos. Es un trecho largo para caminarlo.

TRAVELER—Thank you, Sir. Perhaps you can tell me also how to go to the post office. I need to mail some letters first.
VIAJERO—Gracias, señor. Tal vez usted pueda decirme también cómo ir al correo. Necesito poner algunas cartas primero.

POLICEMAN—Gladly. Go right ahead two blocks and then turn to your left only one block and you'll find the post office.
POLICÍA—Con mucho gusto. Siga recto hacia adelante dos cuadras y luego dé vuelta a su izquierda sólo una cuadra y encontrará el correo.

TRAVELER—I'm much obliged to you, Sir.
VIAJERO—Le estoy muy agradecido, señor.

POLICEMAN—You're welcome.
POLICÍA—No hay de qué.

INSIDE THE POST OFFICE
DENTRO DEL CORREO

TRAVELER—Two air-mail postages to Mexico and one six-cent stamp.

VIAJERO—Dos portes aéreos a México y una estampilla de seis centavos.

CLERK—That'll be thirty-four cents, please.

EMPLEADO—Son treinta y cuatro centavos, por favor.

INSIDE THE BUS DEPOT
DENTRO DE LA ESTACIÓN DE AUTOBUSES

TRAVELER—Pardon me Sir, can you tell me where the ticket-office is?

VIAJERO—Perdone señor, ¿puede usted decirme dónde está la ventanilla de boletos?

PORTER—The ticket-office is at the other end, by the waiting-room.

MOZO—La ventanilla de boletos está en el otro extremo, por la sala de espera.

TRAVELER—And, where's the information desk?

VIAJERO—¿Y dónde está el despacho de información?

PORTER—Right there just in front of the newspaper-stand. You can see it from here.

MOZO—Exactamente enfrente del puesto de periódicos. Usted puede verlo desde aquí.

AT THE INFORMATION DESK
EN LA OFICINA DE INFORMACIÓN

TRAVELER—I beg your pardon. How much is the bus-fare to Chicago?

VIAJERO—Perdone. ¿Cuánto cuesta el pasaje a Chicago?

CLERK—One-way or round trip?

EMPLEADO—¿De ida o ida y vuelta?

TRAVELER—*One-way, Sir.*
VIAJERO—De ida, señor.

CLERK—*It's forty-two dollars and sixty cents.*
EMPLEADO—Es de cuarenta y dos dólares con sesenta centavos.

TRAVELER—*What's the next bus leaving to Chicago?*
VIAJERO—¿Cuál es el próximo autobús que sale a Chicago?

CLERK—*The express leaves at 10:45 p.m. and the regular at 10:00 p.m.*
EMPLEADO—El directo sale a las 10:45 p.m. y el ordinario a las 10:00 p.m.

TRAVELER—*May I have a schedule?*
VIAJERO—¿Me puede dar un itinerario?

CLERK—*Of course Sir, here you are. Now you can check the time of departures and arrivals of all the Chicago buses.*
EMPLEADO—Por supuesto, señor, aquí lo tiene. Ahora usted puede consultar la hora de las salidas y llegadas de todos los autobuses de Chicago.

TRAVELER—*Thank very much.*
VIAJERO—Muchas gracias.

AT THE TICKET-OFFICE
EN LA VENTANILLA (TAQUILLA) DE BOLETOS

TRAVELER—*One-way ticket to Chicago on the express, please.*
VIAJERO—Un pasaje de ida a Chicago en el directo, por favor.

SALES-CLERK—*The express is forty-six dollars and twenty-five cents. You'll have to change buses at Saint Louis, Missouri or you can also wait for the regular one, leaving here within an hour.*
EXPENDEDOR—El directo cuesta cuarenta y seis dólares con veinticinco centavos. Usted tendrá que cambiar autobuses en San Luis Misouri o puede también esperar el ordinario que sale de aquí dentro de una hora.

TRAVELER—Can I make a quick conection at Saint Louis with the Chicago bus if I take the 10:45 bus (the ten-forty-five bus)?

VIAJERO—¿Puedo hacer conexión rápida en San Luis con el autobús de Chicago si tomo el autobús de las 10:45 (diez cuarenta y cinco)?

SALES-CLERK—Yes Sir, you can make an immediate connection if you wish to do so.

EXPENDEDOR—Sí, señor, usted puede hacer conexión inmediata si así lo desea.

TRAVELER—All right, then I'd rather leave on the next bus leaving for Chicago.

VIAJERO—Está bien, entonces preferiría salir en el próximo autobús que sale a Chicago.

SALES-CLERK—You mean the 10:45 bus, don't you?

EXPENDEDOR—Usted quiere decir el autobús de las 10:45, ¿verdad?

TRAVELER—That's right. Give me a ticket for that one. I don't mind transfering at Saint Louis.

VIAJERO—Correcto. Deme un boleto para ése. No tengo inconveniente en trasbordar en San Luis.

SALES-CLERK—All right Sir, here's your ticket. Please be at gate three (3) at exactly 10:35 p.m. with your baggage already checked.

EXPENDEDOR—Está bien, señor, aquí está su boleto. Por favor, preséntese en la puerta tres (3) exactamente a las 10:35 p.m. con su equipaje ya consignado.

TRAVELER—Where's the baggage-room?

VIAJERO—¿Dónde está el cuarto del equipaje?

SALES-CLERK—It's right across that hall over your right.

EXPENDEDOR—Está atravesando ese pasillo a su derecha.

AT THE BAGGAGE-ROOM
EN EL CUARTO DE EQUIPAJES

TRAVELER—I want my baggage checked, please. There are two suit-cases and a small traveling-bag.

VIAJERO—Quiero que me registren mi equipaje. Hay dos maletas y un pequeño maletín de viaje.

ATTENDANT—We'll take care of these two suit-cases. You must keep the traveling-bag with you. Put it inside the bus. We only check suit-cases and trunks perfectly locked.

ENCARGADO—Nos encargaremos de estas dos maletas. Usted debe retener el maletín de viaje. Póngalo dentro del autobús. Solamente registramos maletas y baúles perfectamente cerrados.

TRAVELER—Oh, I see. Well, it doesn't matter. Then I'll carry it along with me.

VIAJERO—Ya comprendo. Bien, no importa. Entonces lo llevaré conmigo.

ATTENDANT—That's right Sir. Here are your two tickets so that you can check out your baggage upon arriving.

ENCARGADO—Correcto, señor. Aquí están sus dos comprobantes para que pueda sacar su equipaje al llegar.

VOICE FROM A LOUD-SPEAKER—Your attention please! ...All passengers bound to Dallas, Saint Louis, Chicago and Detroit; please. board your bus at the gate three. The bus leaves in exactly five minutes. Passengers to Chicago and Detroit please change buses at St. Louis. Thank you. Have a pleasant trip.

VOZ DE UN ALTO-PARLANTE—¡Su atención por favor!... Todos los pasajeros con destino a Dallas, San Luis, Chicago y Detroit; favor de abordar su autobús en la puerta tres. El autobús sale exactamente en cinco minutos. Pasajeros a Chicago y Detroit, favor de cambiar autobús en San Luis. Gracias. Que tengan un feliz viaje.

NEW WORDS AND EXPRESSIONS
NUEVAS PALABRAS Y EXPRESIONES

Traveler	(tráveler)	= viajero
policeman	(polísman)	= policía
clerk	(clérc)	= empleado, oficinista, dependiente
porter	(pórter)	= mozo de limpieza
attendant	(aténdant)	= empleado, dependiente
getting along		= desenvolviéndose
How are you getting along?		= ¿cómo le va?
bus-depot	(dípot)	= estación de autobuses
How far is. . .?		= ¿qué tan lejos está. . .? ¿qué distancia hay. . .?
It's not too far		= No está muy lejos
anyhow	(énijao)	= de todos modos
anyway	(éni-uéi)	= de todos modos o maneras
It' a long way walking		= es un largo trecho para caminarlo
perhaps	(perjáps)	= quizá, tal vez
maybe	(méibi)	= tal vez, puede ser
to mail a letter	(méil)	= poner una carta en el correo
mail-man		= cartero
air-mail	(éer meil)	= correo aéreo
postage	(póustech)	= porte, franqueo
air-mail postage		= franqueo de correo aéreo
six-cent stamp		= estampilla de seis centavos
Pardon me	(párdon mi)	= perdone, dispense
ticket	(tíquet)	= boleto
ticket-office		= taquilla de boletos
at the other end		= al otro extremo
waiting-room	(uéiting-rum)	= sala de espera
just in front		= precisamente enfrente
newspaper-stand		= puesto de periódicos
I beg your pardon		= perdone, ¿diga usted?

fare	(féer)	= pasaje, precio del boleto boleto
one-way trip		= viaje de ida
round-trip	(ráund-trip)	= viaje de ida y vuelta
may I have?		= ¿me puede usted dar?
schedule	(skétchul)	= itinerario, programa de eventos o actividades
departures	(dipárchurs)	= salidas
arrivals	(arráivols)	= llegadas
within	(uidín)	= dentro
the Chicago bus		= el autobús que va para Chicago
the 10:45 bus		= el autobús de las 10:45
If you wish to do so		= Si desea usted hacerlo así
You mean the 10:45 bus, don't you?		= usted quiere decir el autobús de las 10:45, ¿no es verdad?
to transfer	(tránsfer)	= hacer transferencia, trasbordar
I don't mind transfering		= No tengo inconveniente en trasbordar
gate	(guéit)	= puerta, entrada
baggage	(báguech)	= equipaje
luggage	(lúguech)	= equipaje
baggage-room		= cuarto de equipaje o consigna
to check the baggage		= registrar, consignar el equipaje
suit-case	(sut-keis)	= maleta
trunk	(tronc)	= baúl
traveling-bag		= maletín de viaje
perfectly locked	(lókt)	= perfectamente cerrados
immediate	(ímmidiet)	= inmediato(a)
connection	(conéc-shion)	= conexión
across	(acrós)	= a través, atravesando
hall	(jol)	= pasillo, corredor
I see		= ya comprendo, ya veo
It doesn't matter		= no importa, no tiene importancia
to carry	(tu carri)	= llevar, cargar
I'll carry it along with me		= lo llevaré conmigo
upon	(opón)	= sobre
upon arriving		= al llegar
voice	(vóis)	= voz
microphone	(máicrofon)	= micrófono
passenger	(pásenyer)	= pasajero

bound to	(báund tu)	= con destino a
to board	(tu bord)	= abordar
already	(olrédi)	= ya
Please, board your bus		= favor de abordar su autobús
pleasant	(plésent)	= agradable, placentero
Have a pleasant trip		= que tengan un feliz viaje

GOING TO THE HOTEL
YENDO HACIA EL HOTEL

INSIDE THE STATION
DENTRO DE LA ESTACIÓN

— *What can I do for you, Sir?*
— ¿En qué puedo servirlo, señor?

— *I want to take a taxi-cab in order to go to my hotel.*
— Quiero tomar un taxi para ir al hotel.

— *All right Sir. I'm going to call a taxi for you.*
— Está bien. Voy a llamarle un taxi.

— *Please, bring my baggage. It is in the waiting room.*
— Por favor, traiga mi equipaje. Está en la sala de espera.

— *I'll get it for you right away, in the meantime wait for me outside the station.*
— Se lo traeré en seguida, mientras tanto espéreme fuera de la estación.

— *O.K., but hurry up because I'm in a hurry, since I must get to that place as soon as possible. I have to be on time to meet a friend.*
— Está bien, pero apúrese porque tengo prisa, ya que debo llegar a ese lugar tan pronto como sea posible. Tengo que estar a tiempo para reunirme con un amigo.

— *Don't worry Sir, I'll be back in just a minute.*
— No se preocupe, señor, volveré en un minuto.

— *Come on Sir, there's a cab waiting for you at the corner.*
— Venga, señor, en la esquina hay un taxi esperándolo.

166

— *Thank you, here's a tip for you.*
— Gracias, aquí tiene una propina.

WITH THE TAXI-DRIVER
CON EL CHOFER DEL TAXI

— *Where do I drive you, Sir?*
— ¿Dónde lo llevo, señor?

— *Take me to the Astor Hotel and please drive fast, because I'm in a hurry.*
— Lléveme al Hotel Astor y por favor maneje rápido, porque tengo prisa.

— *Can you tell me where that hotel is?*
— ¿Puede usted decirme dónde está ese hotel?

— *That hotel is on State Street.*
— Ese hotel está en la calle State.

— *Very well Sir, we'll be over there in about five minutes more or less. I'll drive as quickly as I can so that you can be on time.*
— Muy bien, señor, estaremos ahí aproximadamente dentro de cinco minutos más o menos. Manejaré tan rápido como pueda, para que usted pueda llegar a tiempo.

— *Here we are Sir.*
— Ya llegamos, señor.

— *Thanks. How much is the fare?*
— Gracias. ¿Cuánto es la tarifa?

— *The fare is one dollar and fifty cents.*
— La tarifa es un dólar con cincuenta centavos.

— *All right, here you are. Keep the change.*
— Está bien, aquí tiene. Quédese con el cambio.

— *Thanks a lot Sir. Have a good rest and a good time.*
— Muchas gracias, señor. Que descanse y se divierta.

AT THE HOTEL ENTRANCE
EN LA ENTRADA DEL HOTEL

(The bell-boy)—*Let me carry the baggage for you. Come with me to the register desk.*

(El botones)— Déjeme cargar su equipaje. Venga conmigo a la oficina de registro.

(At the register desk)—*Yes, Sir, what can I do for you?*
(En la oficina de registro)—Diga, señor, ¿en qué puedo servirlo?

— *I want a room with private bath overlooking the park, please.*
— Quiero un cuarto con baño con vista al parque, por favor.

— *Do you want a single-room Sir?*
— ¿Quiere usted un cuarto con una cama?

— *No, I need a double-room since I'm expecting my wife to arrive here in a few hours. She's coming from Boston by plane.*
— No, necesito un cuarto con dos camas, ya que espero que llegue mi esposa aquí dentro de pocas horas. Ella viene de Boston por avión.

— *All right, Sir. I'll show you one on the second floor. It is large and comfortable and I hope you like it.*
— Está bien, señor. Le mostraré uno en el segundo piso. Es grande y cómodo y espero que le guste.

INSIDE THE ROOM
DENTRO DEL CUARTO

— *Here we are, Sir. How do you like this room?*
— Aquí es. ¿Qué le parece este cuarto?

— *I don't like it. Please show me another one larger and with more light.*
— No me gusta. Por favor, enséñeme otro más grande e iluminado.

— *With pleasure, Sir. Step this way, please.*
— Con mucho gusto. Pase por aquí, por favor.

— *O.K. I'll stay in this room. I like it.*
— Está bien. Me quedaré en este cuarto. Me gusta.

— *How long do you intend to stay in town?*
— ¿Cuánto tiempo tiene usted pensado quedarse en la ciudad?

— *I'll stay here a couple of days more or less.*
— Me quedaré aquí unos dos días más o menos.

VOCABULARY
VOCABULARIO

Cab	(cab)	= auto de alquiler
taxi-cab	(taxi-cab)	= auto de alquiler
baggage	(báguech)	= equipaje
room	(rum)	= cuarto, habitación
baggage-room		= cuarto del equipaje
suit-case	(sut-keis)	= maleta
waiting-room	(uéting-rum)	= sala de espera
in the meantime	(miintaim)	= mientras tanto
inside	(insaid)	= dentro, adentro
outside	(autsaid)	= fuera, afuera
possible	(pósibol)	= posible
taxi-driver	(taxi-draiver)	= chofer
back	(bac)	= atrás
just	(yost)	= justamente
minute	(mínet)	= minuto
hour	(áuer)	= hora
at	(at)	= en
corner	(córner)	= esquina
O. K.	(okey)	= está bien, correcto
up	(op)	= arriba
down	(dáun)	= abajo
as	(as)	= pues, ya que, como
here's	(jirs)	= here is (aquí está)
there's	(ders)	= there is (ahí está, hay)
fast	(fast)	= rápido
slow	(slou)	= despacio, lento
slowly	(slouli)	= lentamente
quickly	(cuícli)	=rápidamente
please	(pliis)	= por favor
tip	(tip)	= propina
hurry	(jorri)	= prisa
about	(abaut)	= acerca de, aproximadamente
more	(mor)	= más
less	(les)	= menos

or	(or)	= o
so	(sou)	= así, tan
fare	(fer)	= tarifa, pasaje
right	(rait)	= recto, correcto
fifty	(fífti)	= cincuenta
thanks	(zancs)	= gracias (equivalente a *thank you*)
rest	(rest)	= descanso
lot	(lot)	= lote
entrance	(éntrans)	= entrada
bell-boy	(bel-boi)	= botones (muchacho empleado en hoteles)
desk	(desc)	= escritorio
register	(réyister)	= registro
register desk		= oficina de registro, administración
with	(uiz)	= con
private	(práivet)	= privado
bath	(baz)	= baño
overlooking	(overlúking)	= que domine, que dé a
single-room	(singol-rum)	= cuarto con una sola cama
double-room	(dóbol-rum)	= cuarto con dos camas
airplane	(erplein)	= avión, aeroplano
plane	(plein)	= avión,
large	(larch)	= grande
big	(big)	= grande
small	(smol)	= pequeño, chico
comfortable	(cómfortebol)	= cómodo
another	(anóder)	= otro
pleasure	(pléshur)	= placer, gusto
step	(step)	= paso
way	(uei)	= camino, modo, manera
couple	(cópol)	= par, pareja
I'*ll*	(áil)	= I *will* (denotando forma en futuro)
I'*ll* stay	(ail stéi)	= me quedaré
We'*ll*	(uil)	= We *will*
We'*ll* stay	(uil stéi)	= nos quedaremos

VERBS IN INFINITIVE
VERBOS EN INFINITIVO

To take	(tu teic)	= tomar, llevar
to call	(to col)	= llamar
to wait for	(tu ueit for)	= esperar
to hurry	(tu jorri)	= apresurar, dar prisa
to worry	(tu uerri)	= preocupar
to meet	(tu miit)	= reunirse, encontrarse, conocer personas

171

to tell	(tu tel)	= decir, contar, relatar
to drive	(tu draiv)	= manejar
to thank	(tu zanc)	= agradecer, dar las gracias
to let	(tu let)	= permitir, dejar
to carry	(tu carri)	= llevar a cuestas, cargar, llevar
to arrive	(tu arraiv)	= llegar, arribar
to show	(tu shou)	= mostrar, enseñar
to step	(tustép)	= dar pasos, pasar

IDIOMATIC EXPRESSIONS
EXPRESIONES IDIOMÁTICAS

What can I do for you?	= ¿En qué puedo servirlo?
in order to	= con el fin de
all right	= está bien, de acuerdo
right away (auéi)	= inmediatamente, en seguida
in the meantime	= mientras tanto, en el inter
hurry up	= apresúrese, dése prisa
I'm in a hurry	= tengo prisa
Don't worry	= no se preocupe
to get to a place	= llegar a un lugar
to be back	= regresar, volver
I'll be back	= regresaré, volveré
Come on!	= ¡vamos!, ¡ándele!
Thank you	= gracias
as soon as possible	= tan pronto como sea posible
as quickly as I can	= tan rápido como pueda
to be on time	= estar a tiempo
We'll be over there	= estaremos ahí
here we are	= henos aquí, hemos llegado
here you are	= aquí tiene usted
keep the change	= quédese con el cambio
thanks a lot	= un millón de gracias
Have a good rest!	= ¡que descanse usted bien!
Have a good time!	= ¡que se divierta usted mucho!
Step this way, please	= pase por aquí, por favor
Watch your step	= pise con cuidado
more or less	= más o menos
just a minute, please	= un momentito, por favor
How do you like...?	= ¿qué le parece?
so that	= para que (cuando le sigue una forma en subjuntivo)
so that you can be on time	= para que usted pueda estar a tiempo
so that	= así que, para que

AT THE RESTAURANT
EN EL RESTAURANTE

DURING DINNER
DURANTE LA COMIDA

WAITER—May I take your order, Sir?
MESERO—¿Qué le sirvo, señor?

CUSTOMER—Yes, please. I'd like to see the menu first.
CLIENTE—Sí, por favor. Me gustaría ver el menú primero.

WAITER—Surely. Here you are, Sir.
MESERO—Seguro. Aquí tiene, señor.

CUSTOMER—I'll have some chicken-soup, a sirloin steak with fried potatoes and lettuce and tomato salad.
CIENTE—Tomaré sopa de pollo, un bistec de sirloin con papas fritas y ensalada de lechuga y tomate.

WAITER—Will you have an appetizer, now?
MESERO—¿Tomará un aperitivo, ahora?

CUSTOMER—Good idea!... Let me have a shrimp cocktail.
CLIENTE—¡Buena idea!... Deme un coctel de camarones.

WAITER—Would you care for anything to drink, Sir?
MESERO—¿Le gustaría tomar algo, señor?

CUSTOMER—Yes, bring me a bottle of beer, will you?
CLIENTE—Sí, tráigame una cerveza, por favor.

WAITER—What kind do you prefer?
MESERO—¿Qué marca prefiere?

CUSTOMER—*Any kind, I don't really care for the brand.*
CLIENTE—Cualquiera, realmente no importa la marca.

WAITER—*Are you going to have some dessert?*
MESERO—¿Va usted a tomar postre?

CUSTOMER—*Yes, I am. What kind of pies do you have?*
CLIENTE—Sí. ¿Qué clase de pasteles tiene?

WAITER.—*We have apple, cherry, lemon, strawberry and pump-kin pie.*
MESERO—Tenemos pasteles de manzana, cereza, limón, fresa y calabaza.

CUSTOMER—*I'll have some lemon pie.*
CLIENTE—Tomaré pastel de limón.

WAITER—*Coffee with your pie, Sir?*
MESERO—¿Café con su pastel, señor?

CUSTOMER.—*Right. I want a cup of black coffee.*
CLIENTE—Está bien. Quiero una taza de café solo.

WAITER—*Anything else, Sir?*
MESERO—¿Alguna otra cosa, señor?

CUSTOMER—*No, that'll be all, thank you.*
CLIENTE—No, eso será todo, gracias.

AFTER DINNER
DESPUÉS DE LA COMIDA

CUSTOMER—*May I have another glass of cold water?*
CLIENTE—¿Puede darme otro vaso de agua fría?

WAITER—*Certainly, Sir.*
MESERO—Por supuesto, señor.

CUSTOMER—*May I have my check?*
CLIENTE—¿Puede darme la cuenta?

WAITER—Yes Sir, here you are. Please pay the cashier.
MESERO—Sí señor, aquí tiene. Por favor, pague en la caja.

CUSTOMER—Thank you, here's a tip for you.
CLIENTE—Gracias, aquí tiene su propina.

WAITER—You're welcome. I'm much obliged to you, Sir.
Good afternoon.
MESERO—Por nada. Muy agradecido, señor. Buenas tardes.

VOCABULARY
VOCABULARIO

MEALS AND BEVERAGES
COMIDAS Y BEBIDAS

Meals	(miils)	= comidas
beverages	(bévereyes)	= bebidas
foods	(fuds)	=alimentos
meat	(miit)	= carne
pork-meat	(porc miit)	= carne de puerco
pork-chops	(porc chops)	= chuletas de puerco
mutton-chops	(móton chops)	= chuletas de carnero
veal cutlet	(viil cótlet)	= chuleta de ternera
beef-stewed	(biif stud)	= carne de res estofada
corned-beef	(cornd biif)	= cecina, tasajo
fried chicken	(fráid chíken)	= pollo frito
fish	(fish)	= pescado
steak	(stéic)	= bistec
T-bone steak	(ti boun stéic)	= chuleta de res
sirloin steak	(sírloin stéic)	= filete de res
ham	(jam)	= jamón
ham and eggs	(jam and egs)	= jamón y huevos
fried potatoes	(fraid potéitous)	= papas fritas
mashed-potatoes	(masht potéitous)	= puré de papas
sandwich	(sán-uich)	= emparedado, torta
cheese	(chiis)	= queso
cheese-sandwich		= emparedado o torta de queso
ham-sandwich		= emparedado o torta de jamón
chicken-sandwich		= emparedado o torta de pollo
egg-sandwich		= emparedado o torta de huevo

"SALADS"
"ENSALADAS"

Potato-salad	(potéitou salad)	= ensalada de papa
Lettuce and tomate salad	(létos, toméitous)	= ensalada de lechuga y tomate
chicken salad	(chíken salad)	= ensalada de pollo

NOTA: En fonética el sonido *ii* equivale al sonido de la i latina y la *i* tiene sonido intermedio de i y e (i/e).

"EGGS"
"HUEVOS"

Fried eggs	(fráid egs)	= huevos fritos
scrambled eggs	(scrámbold)	= huevos revueltos
boiled eggs	(bóild egs)	= huevos hervidos
soft-boiled eggs	(soft)	= huevos pasados por agua
hard-boiled eggs	(jard)	= huevos duros
butter	(bóter)	= mantequilla
jelly	(yéli)	= mermelada

"TOASTS"
"TOSTADAS"

Buttered toast	(bóterd tóust)	= tostada con mantequilla
buttered toast with jelly		= con mantequilla y mermelada

"SEA-FOOD"
"MARISCOS"

Sea-food	(sii fud)	= mariscos
tuna-fish	(tuna fish)	= atún
codfish	(codfish)	= bacalao
shrimps	(shrimps)	= camarones
lobster	(lóbster)	= langosta
oysters	(óisters)	= ostiones
crab	(crab)	= cangrejo

"DRINKS OR BEVERAGES"
"BEBIDAS"

Tea	(ti)	= té
ice tea	(áis ti)	= té helado
cup of coffee	(cop ov cofii)	= taza de café
glass of milk	(glas ov milc)	= vaso de leche
hot-chocolate	(jot chócoleit)	= chocolate caliente

178

"COOL DRINKS"
"REFRESCOS"

Cool drinks	(cul drincs)	= refrescos
orange drink	(óranch drinc)	= refresco de naranja
lemon drink	(lémon drinc)	= refresco de limón
pine-apple drink	(páin-ápol)	= refresco de piña
coke	(cóuc)	= coca-cola

"HARD DRINKS"
"BEBIDAS FUERTES"

Hard drinks	(jard drincs)	= bebidas fuertes
brandy	(brándi)	= coñac
gin	(yin)	= ginebra
wine	(uáin)	= vino
bottled beer	(boteld biir)	= cerveza en botella
large beer	(larch biir)	= vaso grande de cerveza
small beer	(smol biir)	= vaso chico de cerveza

"JUICES"
"JUGOS"

Juices	(yúses)	= jugos
orange juice	(óranch yus)	= jugo de naranja
tomato juice	(toméito yus)	= jugo de tomate

"DESSERTS"
"POSTRES"

Desserts	(disérts)	= postres
rice puddin	(ráis púdin)	= pudín de arroz
apple-pie	(ápol pái)	= pastel de manzana
pineapple-pie	(painápol pái)	= pastel de piña
lemon-pie	(lémon pai)	= pastel de limón

NEW WORDS AND EXPRESSIONS
EXPRESIONES Y PALABRAS NUEVAS

Waiter	(uéiter)	= mesero, camarero
customer	(cóstomer)	= cliente
May I take your order?		= ¿puedo tomar su orden?
I'd like (I would like)		= yo quisiera, me gustaría
menu	(méniu)	= menú
bottle	(bótel)	= botella
What kind	(cáind)	= qué clase
to prefer	(tu prifér)	= preferir
to care	(tu kéer)	= importar, interesar
I don't really care		= realmente no me importa
surely	(shurli)	= seguramente
really	(riili)	= realmente
certainly	(sértenli)	= seguramente, ciertamente
brand	(brand)	= marca
cherry	(cherri)	= cereza
pumpkin	(pómkin)	= calabaza
what else	(els)	= qué otra cosa, qué más
anything else		= alguna otra cosa
nothing else		= ninguna otra cosa
that's all		= eso es todo
that'll be all		= eso será todo
check	(chec)	= cuenta, nota, cheque
here you are		= aquí la tiene
to pay	(tu pei)	= pagar
pay the cashier		= pague en la caja
tip	(tip)	= propina
I'm much obliged		= estoy muy agradecido

DOING SHOPPINGS
HACIENDO COMPRAS

Conversation
Conversación

SALES-GIRL—May I help you?
VENDEDORA—¿En qué puedo servirlo?

CUSTOMER—Yes, I'd like to buy some shirts.
CLIENTE—Quisiera comprar unas camisas.

SALES-GIRL—Would you like to see some business-shirts or sport-shirts?
VENDEDORA—¿Le gustaría ver camisas de vestir o camisas de sport?

CUSTOMER—Show me your sport shirts, please.
CLIENTE—Por favor, muéstreme las camisas de sport.

SALES-GIRL—Surely. Will you step this way please?
VENDEDORA—Cómo no. Pase por aquí, por favor.

CUSTOMER—All right.
CLIENTE—Está bien.

SALES-GIRL—What size do you wear?
VENDEDORA—¿Qué talla usa usted?

CUSTOMER—I wear size number sixteen.
CLIENTE—Yo uso la talla diez y seis.

SALES-GIRL—What colors do you prefer?
VENDEDORA—¿Qué colores prefiere?

CUSTOMER—I go for light colors, so if you don't mind, show me different styles and colors, please.
CLIENTE—Prefiero los colores claros, así que si no tiene inconveniente, enséñeme diferentes estilos y colores, por favor.

SALES-GIRL—*Gladly Sir. I'll be back with you in just a minute.*
VENDEDORA—Con mucho gusto, señor. Estaré con usted en unos minutos.

SALES-GIRL—*How do you like these new styles? There were specially designed for the beach and out-of-door sports.*
VENDEDORA—¿Qué le parecen estos nuevos estilos? Han sido diseñados especialmente para la playa y deportes al aire libre.

CUSTOMER—*I like them very much, but I would rather wear other colors not so bright as these ones.*
CLIENTE—Me gustan mucho, pero preferiría usar otros colores no tan brillantes como éstos.

SALES-GIRL—*As you wish Sir. Then I'll show you other more conservative colors.*
VENDEDORA—Como usted desee, señor. Entonces le mostraré otros colores más conservadores.

CUSTOMER—*Sorry to give you so much trouble.*
CLIENTE—Siento darle tanta molestia.

SALES-GIRL—*Not at all Sir. It is your privilege.*
VENDEDORA—En lo absoluto, señor. Estoy para servirlo.

CUSTOMER—*Thank you ma'am, you're very kind.*
CLIENTE—Gracias, señorita, es usted muy amable.

SALES-GIRL—*I'm sure you'll be pleased with the shirts that I'm going to bring you right now.*
VENDEDORA—Estoy segura que le agradarán las camisas que voy a traerle ahora.

CUSTOMER—*I hope I will.*
CLIENTE—Espero que sí.

SALES-GIRL—*And now, please tell me if I was wrong about my choice.*
VENDEDORA—Y ahora dígame si me equivoqué en mi elección.

CUSTOMER—*You certainly were not, on the contrary, you have a good taste. By the way, are you married?*
CLIENTE—Seguramente que no, al contrario, usted tiene buen gusto. A propósito, ¿es usted casada?

182

SALES-GIRL—*Yes, I am, therefore I always pick out my husband's shirts.*

VENDEDORA—Sí. Por lo tanto siempre elijo las camisas de mi esposo.

CUSTOMER—*That was exactly what I thought. Well, you've convinced me, so I'll take two shirts of each new style.*

CLIENTE—Eso fue exactamente lo que pensé. Bien, me ha convencido, así que me llevaré dos camisas de cada nuevo estilo.

SALES-GIRL—*You want different colors, don't you?*

VENDEDORA—Usted quiere diferentes colores, ¿verdad?

CUSTOMER—*Of course I do. Let me choose some of them, if you please.*

CLIENTE—Por supuesto que sí. Por favor, déjeme escoger algunos.

SALES-GIRL—*Very well, Sir. How many do you need?*

VENDEDORA—Muy bien, señor. ¿Cuántas necesita?

CUSTOMER—*I need, at least, half a dozen.*

CLIENTE—Necesito por lo menos media docena.

SALES-GIRL—*O. K., take your pick.*

VENDEDORA—Está bien, haga su elección.

CUSTOMER—*I'll take these ones. Will you wrap them up for me and send the package home? Here's my address.*

CLIENTE—Me llevaré éstas. ¿Quiere envolvérmelas y mandar el paquete a mi casa? Aquí está mi dirección.

SALES-GIRL—*Gladly Sir.*

VENDEDORA—Con mucho gusto, señor.

CUSTOMER—*What's the price of each shirt?*

CLIENTE—¿Cuál es el precio de cada camisa?

SALES-GIRL—*Each shirt costs four dollars and ninety-five cents plus tax. Here's your check. Please pay the cashier.*

VENDEDORA—Cada camisa cuesta cuatro dólares noventa y cinco centavos más el impuesto. Aquí está su cuenta. Por favor pague en la caja.

CUSTOMER—Oh, I almost forgot! Before you give me that check, I want you to show me some trousers. I need two of them, sportwear.

CLIENTE—¡Ah, por poco se me olvida! Antes de que me dé la cuenta, quiero que me enseñe unos pantalones. Necesito dos, de sport.

SALES-GIRL—Yes, of course. Step this way please.

VENDEDORA—Sí, por supuesto. Pase por aquí, por favor.

SALES-GIRL—Here's our new assortment of trousers styled for outdoor activities such as picnics, week-ends on the beach and that sort of thing.

VENDEDORA—Aquí está nuestro nuevo surtido de pantalones diseñados para actividades al aire libre, tales como días de campo, fines de semana en la playa y cosas por el estilo.

CUSTOMER—Fine. I guess it is just what I want.

CLIENTE—Magnífico. Creo que es exactamente lo que necesito.

SALES-GIRL—Now if you just tell me your size, I'll be glad to show you different colors so that you can choose the ones you like.

VENDEDORA—Si usted nada más me dice su talla, tendré gusto en mostrarle diferentes colores para que pueda escoger los que le gusten.

CUSTOMER—I'm putting on weight lately and I don't know now what my right size is. I used to wear number thirty-two, but I'm sure that size doesn't fit me now.

CLIENTE—Estoy engordando últimamente y no sé ahora cuál es mi talla correcta. Yo usaba la talla treinta y dos, pero estoy seguro que esa talla no me queda ahora.

SALES-GIRL—Don't worry, because that can be easily arranged. Try on these two trousers and then we'll know your right size.

VENDEDORA—No se preocupe porque eso puede arreglarse fácilmente. Pruébese estos dos pantalones y entonces sabremos cuál es su talla correcta.

CUSTOMER—All right, I will.

CLIENTE—Está bien, lo haré.

SALES-GIRL—How did they fit you?

VENDEDORA—¿Cómo le quedaron?

CUSTOMER—*The brown one fitted me too tight and the gray one is rather loose for my waist.*
CLIENTE—El café me quedó demasiado apretado y el gris bastante holgado en la cintura.

SALES-GIRL—*Then I believe your right size is number thirty-four. Wait a minute . . . Try this one on, please.*
VENDEDORA—Entonces creo que su talla correcta es la número treinta y cuatro. Espere un minuto... Pruébese éste, por favor.

CUSTOMER—*O. K. Thanks.*
CLIENTE—Está bien. Gracias.

SALES-GIRL—*How does it fit you, now?*
VENDEDORA—¿Cómo le queda ahora?

CUSTOMER—*It fits me just right. I'll take three of this kind, one light blue, one light brown and the other one gray.*
CLIENTE—Me queda exactamente a la medida. Llevaré tres de esta clase, uno azul claro, uno café claro y el otro gris.

SALES-GIRL—*Very well Sir. Do you need anything else?*
VENDEDORA—Muy bien, señor. ¿Necesita alguna otra cosa?

CUSTOMER—*I don't think so.*
CLIENTE—Creo que no.

SALES-GIRL—*What about socks?*
VENDEDORA—¿Y con respecto a calcetines?

CUSTOMER—*Not this time. I still have plenty of them now. That'll be all.*
CLIENTE—Esta vez no. Todavía tengo suficientes ahora. Eso será todo.

SALES-GIRL—*O. K. Sir, then I'll make only one package for you and we'll send it to your home address.*
VENDEDORA—Muy bien, señor, entonces le haré solamente un paquete y se lo enviaremos a su domicilio.

CUSTOMER—*Thanks. I'll appreciate your kindness.*
CLIENTE—Gracias. Agradeceré su gentileza.

SALES-GIRL—You're entirely welcome. Here's your check and call again.

VENDEDORA—Estamos siempre a sus órdenes. Aquí tiene su cuenta y visítenos de nuevo.

CUSTOMER—Good bye.

CLIENTE—Adiós.

SALES-GIRL—Good bye, Sir.

VENDEDORA—Adiós, señor.

VOCABULARY
VOCABULARIO

To go shopping	(shóping)	= ir de compras
to do shoppings	(shópings)	= hacer compras
shirt	(shert)	= camisa
blouse	(bláus)	= blusa
trousers	(tráusers)	= pantalones
pockets	(pókets)	= bolsillo
skirt	(skért)	= falda
socks	(socs)	= calcetines
stockings	(stokings)	= medias
necktie	(néctai)	= corbata
handkerchief	(jándkerchif)	= pañuelo
underwearings	(onderuéring)	= ropa interior
coat	(cóut)	= saco
overcoat	(óver-cóut)	= sobretodo, abrigo
raincoat	(réin-cóut)	= impermeable
sport jacket	(sport yáket)	= saco sport
sweater	(suéter)	= sudadera
shoes	(shus)	= zapatos
slippers	(slípers)	= zapatillas
suit	(sut)	= traje
dress	(dres)	= vestido
hat	(jat)	= sombrero
cap	(cap)	= gorra
scarf	(scarf)	= chalina
hand bag	(jand bag)	= bolso de mano
wallet	(uálet)	= cartera, billetera
purse	(pers)	= monedero
lighter	(láiter)	= encendedor, fosforera
necklace	(nécles)	= collar
earrings	(írrings)	= aretes
ring	(ring)	= anillo
bracelet	(bréislet)	= pulsera, brazalete
wrist-watch	(rist uátch)	= reloj de pulsera
eye-glasses	(ai-gláses)	= anteojos

NEW WORDS AND EXPRESSIONS
PALABRAS Y EXPRESIONES NUEVAS

Shoppings (shópings) = compras
May I help you? = ¿en qué puedo servirlo?

step this way (step dis uéi) = pase por aquí
size (sáis) = talla, medida
to wear (tu uéer) = usar, llevar puesto
to go for = tener preferencia por
light colors (láit cólors) = colores claros
light blue (láit blu) = azul claro
dark brown (darc bráun) = café oscuro
so (sóu) = así que
number (nómber) = número
if you wouldn't mind = si usted no tiene inconveniente

style (stáil) = estilo
gladly (gládli) = con mucho gusto, gustosamente

How d'you like = ¿qué le parece a Ud?
specially (spéciali) = especialmente
especially (espéciali) = principalmente
designed (disáind) = diseñado
styled (stáild) = diseñado
out-of-doors sports = deportes al aire libre
bright (bráit) = brillante
not so bright as = no tan brillante como
as you wish = como usted desee
then (den) = entonces
conservative (consérvativ) = conservador(es)
Sorry to give you so much trouble = siento ocasionarle tanta molestia

Not at all! = ¡de ninguna manera!
privilege (prívilech) = privilegio
It is your privilege = estamos para servirlo es su privilegio (traducción literal)

You'll be pleased (plisd) = usted estará complacido

right now (ráit náo) = ahora mismo
I hope I will (be pleased) = espero que quedaré complacido

wrong (rong) = equivocado, incorrecto

choice	(chóis)	= elección
on the contrary		= al contrario
You have a good taste		= Ud. tiene buen gusto
By the way	(bái de uéi)	= a propósito
therefore	(derfór)	= por consiguiente
to pick out	(tu pic áut)	= escoger
exactly	(exáctli)	= exactamente
I thought	(ai zot)	= Yo pensé, yo creí
You convinced me		= Usted me convenció
You want different colors, don't you?		= usted quiere diferentes colores, ¿verdad?
of course	(ov córs)	= por supuesto
to choose	(tu chus)	= escoger
Let me choose		= déjeme escoger
one half	(uán jaf)	= una mitad
at least	(at liist)	= por lo menos
Take your pick		= Haga su elección
to wrap	(tu rap)	= envolver
to wrap up a package		= envolver un paquete
plus	(plos)	= (más)
tax	(tax)	= impuesto
almost	(ólmoust)	= casi
I almost forgot		= por poco se me olvida
just	(yost)	= justamente, precisamente
assortment	(asórtment)	= surtido, variedad
activities	(actívitis)	= actividades
out-door activities		= actividades al aire libre
such as	(soch as)	= tal como, tales como
week-ends	(uic ends)	= fines de semana
that sort of thing		= cosas por el estilo
fine	(fáin)	= magnífico
I guess	(ai gues)	= yo supongo, yo creo
It is just what I want		= Es precisamente lo que yo quiero
I'll be glad		= tendré mucho gusto
so that		= para que (afirmativo)
what for?		= ¿para qué?
weight	(uéit)	= peso
I'm putting on weight		= estoy aumentando de peso
lately	(léitli)	= últimamente
right	(ráit)	= correcto, exacto, derecho
I used to		= yo acostumbraba, yo solía

to fit	(tu fit)	= ajustar, quedar, caber
That size doesn't fit me		= Esa talla no me queda
Don't worry	(uérri)	= no se preocupe
That can be easily arranged		= Eso puede arreglarse fácilmente
to try clothes on		= probarse la ropa
How does it fit you?		= ¿cómo le queda?
tight	(táit)	= ajustado, apretado, estrecho
loose	(lus)	= grande, holgado, ancho
too	(tu)	= demasiado, también
rather	(ráder)	= más bien
it fits me too tight		= me queda muy apretado (ajustado)
it fits me too loose		= me queda muy ancho (holgado)
I believe	(bilív)	= yo creo (con convicción)
try it on		= pruébeselo
it fits me just right		= me queda exactamente a la medida
I don't think so		= No lo creo
what about...		= qué hay con respecto a...
your home address	(tu a-prí-shi-eit)	= la dirección de su casa
to appreciate	(tu a-prísshi-eit)	= agradecer
kindness	(cáindnes)	= gentileza, amabilidad
I'll appreciate your kindness		= Le agradeceré su gentileza
You're welcome		= de nada
Don't mention it		= no hay de qué
Here you are		= Aquí lo tiene usted
entirely	(entáirli)	= enteramente
Call again	(col aguén)	= Visítenos de nuevo
Good-bye	(gud bái)	= adiós
sales-girl	(séils guerl)	= vendedora
sales		= ventas
to sell	(tu sel)	= vender

ESTA EDICIÓN DE 2 000 EJEMPLARES SE TERMINÓ
DE IMPRIMIR EL 23 DE MAYO DE 1996 EN LOS
TALLERES DE LITHO OFFSET CONDE
CHOPÍN 152 COL. EX-HIPÓDROMO DE PERALVILLO
06220 MÉXICO, D.F.